SEENSUCHT UND MEER

Wo kann man am besten aus dem Trott des Alltags ausbrechen, seine Gedanken treiben lassen und im wahrsten Sinne des Wortes eins werden mit der Natur? Richtig – am Wasser!

Von der Küste bis ans »Schwäbische Meer«, über Flüsse, Teiche und Seen, hält Deutschland zahllose Wasserabenteuer für jeden Geschmack parat. Eine kleine feine Auswahl von Plätzen, an denen man nicht einfach nur baden gehen kann, findet sich auf den folgen Seiten. Und für diese Erlebnisse – allein, mit Freunden oder der Familie – muss man gar nicht weit reisen. Es braucht auch keine aufwendige Planung und kein großes Budget. Viele der hier empfohlenen Orte sind bequem mit Bus oder Bahn zu erreichen, und alles, was über Badesachen oder feste Schuhe als Ausrüstung hinausgeht, bekommt man direkt vor Ort. Also ab nach draußen, raus in die Natur, um ein Element in all seinen Facetten zu erfahren.

Ob am Wasser, im Wasser oder auf dem Wasser – 52 verschiedene Wochenend-Abenteuer laden dazu ein, neue Orte oder andere Blickwinkel auf bekannte Spots zu entdecken. Immer mit der alten Weisheit im Kopf: »Jeder Tag am Wasser ist ein guter Tag!«

Viel Vergnügen da draußen!

Übrigens: Die GPX-Daten für alle Touren im Buch können unter www.dumontreise.de heruntergeladen werden. Mehr dazu auf Seite 237.

IM NORDEN
AB SEITE ...

IM HERZEN
AB SEITE ...

IM SÜDEN
AB SEITE ...

Unendliche Weiten

*Ob Nordsee, Ostsee, Sternberger Seenland
oder Weser – im Norden warten 20 ganz
verschiedene Wasserwelten darauf, entdeckt zu werden .*

8

Von Wasser zu Wasser

*Seen in der Lausitz, Maare in der Eifel oder
Flüsse zwischen Ruhrgebiet und Rhön – die
Mitte Deutschlands lässt sich wunderbar an-
hand dieser 15 Gewässer-Touren erkunden.*

90

Variantenreich

*In Teichform in Franken, von oben nach unten
fallend im Bayerischen Wald oder unterirdisch
auf der Alb – 17 Wochenendauszeiten führen
auch im Süden ans kühle Nass.*

152

AUSZEIT.
ABENTEUER.
LEBENSFREUDE.

1. KAPITEL
IM NORDEN

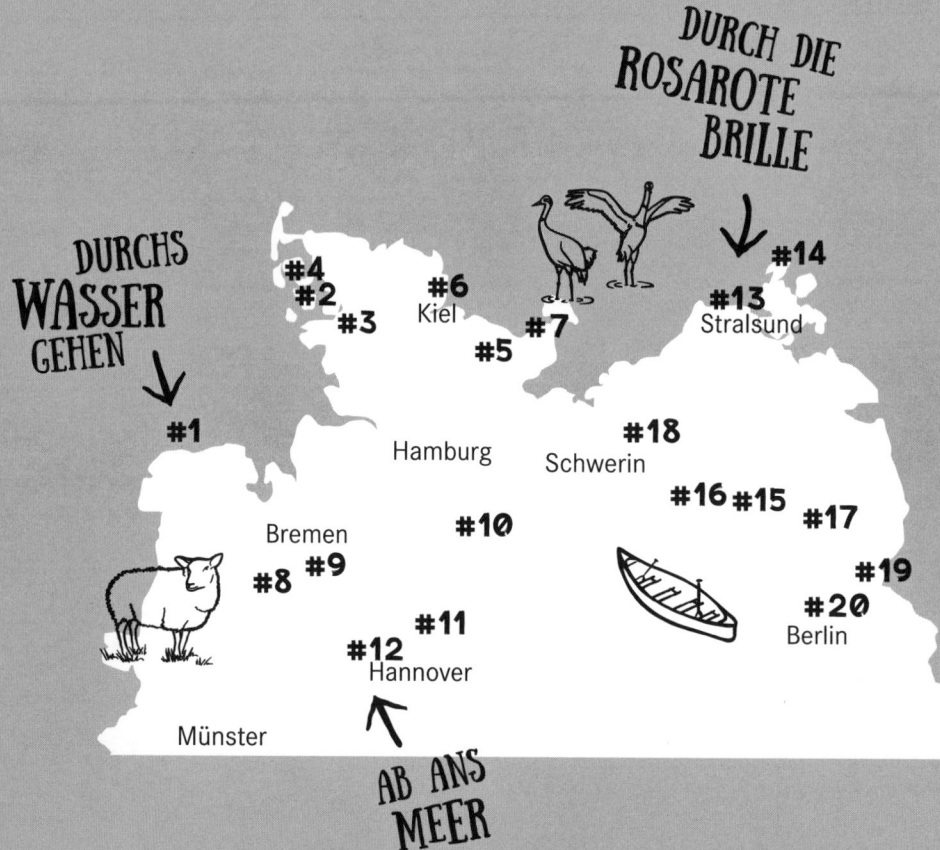

DURCH DIE
ROSAROTE
BRILLE

DURCHS
WASSER
GEHEN

#4
#2
#3
#6
Kiel
#5
#7
#13
Stralsund
#14

#1

#18
Schwerin
Hamburg

#16 #15
#17

Bremen
#8 #9
#10
#19
#20
Berlin

#11
#12
Hannover

Münster

AB ANS
MEER

Unendliche Weiten

Durch die Nordsee waten, auf der Weser träumen oder die Feldberger Eiszeitlandschaft auf sich wirken lassen – das nächste Wochenend-Wellenglück ist ganz nah.

#1	... nach Baltrum	Seite 10
#2	... auf Pellworm	Seite 14
#3	... in Friedrichstadt in Nordfriesland	Seite 18
#4	... auf Hallig Langeneß	Seite 22
#5	... am, im und auf dem Plöner See	Seite 26
#6	... in Langholz an der Ostsee	Seite 30
#7	... in Heiligenhafen an der Ostsee	Seite 34
#8	... bei Bremen	Seite 38
#9	... auf der Weser in Bremen	Seite 42
#10	... in der Lüneburger Heide	Seite 46
#11	... an den Meißendorfer Teichen	Seite 50
#12	... rund ums Steinhuder Meer	Seite 54
#13	... in Zingst	Seite 58
#14	... am Kap Arkona auf Rügen	Seite 62
#15	... über die Kleinseenplatte	Seite 66
#16	... in Stuer am Plauer See	Seite 70
#17	... durch die Feldberger Eiszeitlandschaft	Seite 74
#18	... durch das Sternberger Seenland	Seite 78
#19	... im Barnimer Land	Seite 82
#20	... am Liepnitzsee	Seite 86

ZU FUß AUF DIE INSEL

 ... nach Baltrum

 Eine Insel zu Fuß erreichen, das ist schon etwas Besonderes. Die Ostfriesischen Inseln Norderney, Spiekeroog und Langeoog lassen sich vom Festland aus erwandern. Und Baltrum, die kleine. Also Rucksack minimalistisch packen und ab auf die Insel.

#klimafreundlich #WanderungaufdemMeeresgrund #nachhaltigreisen

Am Hafen von Neßmersiel startet die Tour zu Fuß durchs Watt auf die Insel Baltrum.

Neßmersiel scheint ja schon am Ende der Welt zu sein, aber der Hafen setzt noch einen drauf. Ewig lang schlängelt sich die Straße vom Ort bis zum Watt. Wer Bus fährt, hat Glück, denn vom erhöhten Platz aus hat man die beste Sicht. Die Morgensonne beleuchtet gerade die goldenen Felder.

Während Busgäste normalerweise die Fähre ansteuern, geht es für die Inselwanderer zum Parkplatz. Dort stehen die Wattführer, die ihre Gäste zu Fuß auf die Insel führen. Wer wattwandern will, muss gut ausgerüstet sein. Dazu gehören vor allem die Schuhe. Manche

Wanderer tragen spezielle Wattschuhe, andere einfache Sneaker – alle werden später voller Matsch und Dreck sein.

Das Watt kommt später. Zunächst führt der nicht ausgeschilderte Wanderweg durch die Zwischenzone aus Watt und Land: die Salzwiese, einen Lebensraum mit besonderem Bewuchs. Die Pflanzen dort müssen salzwasserresistent sein. Das kann man auch schmecken, der Queller beispielsweise ist gleichzeitig salzig und knackig. Doch für lange Naschpausen bleibt keine Zeit, die Wanderer müssen Strecke machen. Im Gegensatz zur

Die Sonne lässt die Pfützen im Watt wunderbar glitzern. Das Lichtspiel ist immer wieder einmalig schön.

Fähre schlagen sie einen großen Bogen. Einen Weg, den man ohne kundigen Führer nicht finden würde, denn in der Weite des Watts, das jeden Tag zweimal vom Meer überspült wird, gibt es weder Trampelpfade noch eine Beschilderung. Es ist allein die Erfahrung, die dem Wattführer den Weg weist.

Allein über den Meeresboden zu gehen wäre lebensgefährlich. Nicht überall bleibt der Grund trittfest, an manchen Stellen ist er derart schlickig, dass man seine Füße nicht mehr herausbekommt und stecken bleibt. Wenn dann die Flut kommt, gibt es kein Entkommen. Wattführerin Bianca kennt zum Glück die besten Stellen, um diese Gefahr zu umgehen. Dennoch schmatzt es bei jedem Schritt unter den Sohlen, grauer Schlick spritzt bis an die Waden. Manchmal führt der beste Weg über Muschelbänke, manchmal direkt durch einen Priel, und bisweilen reicht das Wasser bis zur Hüfte. Ein Sonntagsspaziergang ist diese dreistündige Wanderung nicht.

Das Watt ist jeden Tag anders, mal sind die Priele mehr gefüllt, mal weniger. Voraussehen lässt es sich kaum. Nur noch einen Priel muss man umwandern, dann ist es geschafft: Man erreicht die Nordseeinsel Baltrum. Den ersten Schritt auf das feste Land zu setzen ist etwas Besonderes. Eine Insel zu erwandern erzeugt fast so ein erhabenes Gefühl, wie einen Gipfel bestiegen zu haben. Zwar war die Strecke flach, aber der Wanderer hat immerhin den Nordseeboden überquert.

Auf Baltrum wartet eine Fußwaschanlage, und dann aber nichts wie ab zum Strand. Mit etwas

An manchen Tagen ist das Wasser im Watt glatt wie ein Spiegel, der Wattführer erzählt unterwegs Wissenswertes.

Glück ist das Wetter noch schön und lädt ein zum Wellenkino. Die Insel erkunden? Das kann man auch noch morgen, so groß ist sie ja nicht.

FAZIT: INSELN ERWANDERN IST EIN WENIG WIE GIPFEL ERKLIMMEN.

Hin & weg: Mit dem Bus nach Neßmersiel zum Fähranleger und dann weiter zu Fuß.

Beste Zeit: Früher Herbst.

Dauer: 3,5 Std. Wattwanderzeit, muss mit Führer gebucht werden (Wattwanderzentrum Ostfriesland).

Ausrüstung: Wattfeste Turnschuhe, Regenjacke, Kamera, Rucksack für das Wochenende, Proviant.

Wenn es Nacht wird: Ab ins Naturhotel Baltrum, dort ist alles ökologisch durchdacht (www. naturhotel-baltrum.de).

IM RHYTHMUS DER GEZEITEN

... auf Pellworm

2

Auf einer Insel wie Pellworm gibt es nur eine adäquate Fortbewegungsart: Radeln. Mittendurch und rundherum. Immer am Außendeich entlang, das Meer im Blick, oder das Innere entdecken. Beides lohnt sich.

Das Leben auf der Marschinsel ist langsam. Die beste Gelegenheit, einfach mal runterzukommen, den Kopf freizukriegen. An Pellworms grünen Stränden baden, wenn die Nordsee sich die Ehre gibt. Oder einfach nur radeln, radeln, radeln. Von morgens bis abends. Die flache Insel scheint wie gemacht dafür. Wer ab und an etwas Abwechslung braucht, schnallt sich die Inlineskates an, zumindest gut geteerte Landwirtschaftswege im Inselinnern eignen sich zum Rollen. Pferdenarren reiten, Romantiker machen ein Picknick am Strand. Vor und hinter dem Deich ist das Radfahren am schönsten. Und die Pausen zwischendurch, (fast) allein unter Schafen, von denen es hier mehr zu geben scheint als Einwohner. Diese Idylle! Die Friesenkaten, die Rosensträucher, die grasenden Kühe. Der Hafen. Die Krabbenkutter. Aber das ist noch lange nicht alles.

Auf Pellworm widmet man sich schon seit 1983 den alternativen Energien. Wer nun ohne Plan über die Insel strampelt, wird irgendwann vor dem Solar-Café landen (www.solarcafe-pellworm.de). Dort kann sich jeder über das Problem der Stromspeicherung und über das Recyceln von Solarmodulen informieren. Und noch besser: eine Waffel essen – im Freien zwischen Lithium-Ionen und Solarmodulen. Oder im Café. Ein bisschen mit den Leuten schnacken. Zurück auf den Drahtesel, egal, welche Richtung. Ziehen dicke Wolken auf, dann bietet sich einem am Himmel ein Spektakel. Doch mit etwas Glück bleibt es trocken und der Wind treibt die Wolken vor sich her gen Festland. Und genau so macht er es mit allem Stress.

Übrigens: Es war einmal eine Insel, die hieß Rungholt und wurde im 14. Jahrhundert vom

Waffeln im Solar-Café: Alternative Energien sind auf der grünen Insel Pellworm ein wichtiges Thema.

Meer verschlungen. Heute noch kann man durchs Watt zu ihren Überbleibseln wandern. Den Schlick unter den Füßen quatschen hören, während rundherum die Spuren sichtbar werden. Von Pellworm aus ist es ein Katzensprung.

FAZIT: WER EIN FREUND VON ENT-SCHLEUNIGUNG IST UND EINMAL AUF PELLWORM LANDET, WIRD ES LIEBEN.

Hin & weg: Mit der Fähre ab Strucklahnungshörn auf Nordstrand.

Beste Zeit: Frühjahr–Sommer. Nur die Harten radeln auch im Winter.

Dauer & Strecke: 2–3 Tage, je nach Ruhebedarf, Rundtour ca. 25 km.

Ausrüstung: Fahrrad mitbringen oder vor Ort ausleihen (Momme von Holdt, Uthlandestraße 4, www.fahrraeder-pellworm.de). Im Sommer Badesachen nicht vergessen! Eventuell Inlineskates.

Wenn es Nacht wird: Stilecht nordfriesisch wohnen zwischen Obst- und Bauerngarten im historischen Gemäuer Silberhof, das schon mehrfach als Drehort diente (www.silberhof-pellworm.de).

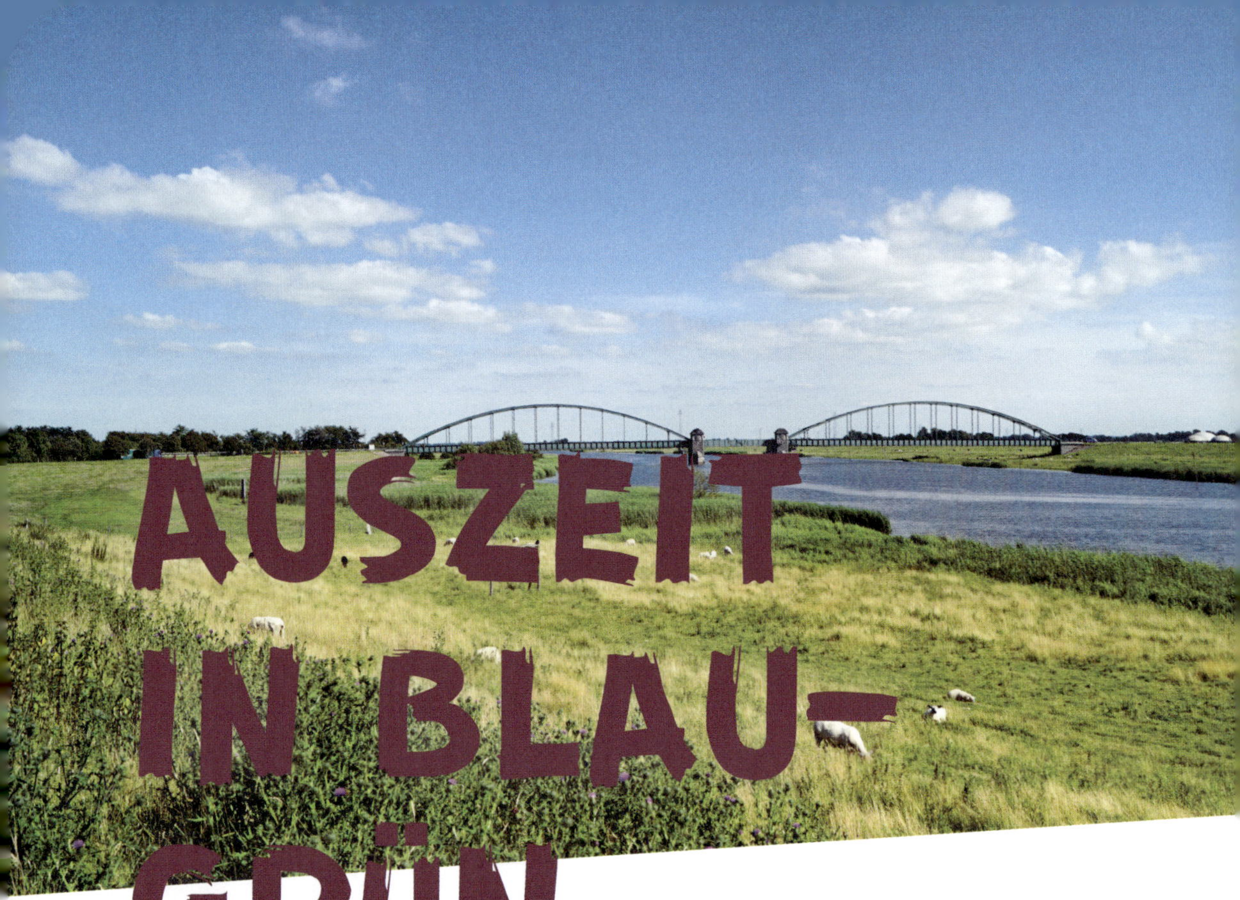

AUSZEIT IN BLAU-GRÜN

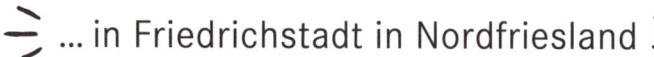

… in Friedrichstadt in Nordfriesland

#3

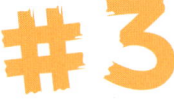

Eine Stadt zwischen zwei Flüssen, hübschen Kanälen und einem Hafen kann nur holländischen Ursprungs sein. Und das ist Friedrichstadt mit seinen Giebeln und Grachten in der Tat. Über ein Wochenende an und auf dem Wasser.

#alleFarbenBlau #einHauchvonHolland #Grachtenliebe #Frischluft

An den Kanälen von Friedrichstadt fühlt man sich fast wie in Amsterdam.

Am schönsten ist es, an warmen Sommerabenden über die Kanäle zu schippern. Sich im Rhythmus der Wellen zu wiegen. Genau dann, wenn die Stille nach Friedrichstadt zurückkehrt. Wenn die Ausflugsboote ihren Dienst beendet und die Tagestouristen das Weite gesucht haben. Wenn es nur noch ein paar Stand-Up-Paddler auf den ruhigen Gewässern gibt, die das alte Holländerstädtchen umgeben und durchziehen. Am Abend oder

auch am frühen Morgen, das ist die beste Zeit. Fast egal erscheint es jetzt, ob man im Kajak, Kanu oder Ruderboot seine Runden zieht. Ob man paddelt oder sich treiben lässt. Auf Du und Du mit den Enten zu sein, das ist jetzt möglich. Und plötzlich hüpft ein Fisch aus dem Wasser. Er scheint sich wohlzufühlen, wenn sich die ersten oder auch die letzten Sonnenstrahlen auf dem Wasser brechen und durch die Trauerweiden blinzeln.

So ruhig, so schön. Impressionen am Kanal.

Um diese Momente zu erleben, muss man schon die Nacht in Friedrichstadt verbringen. Etwa auf dem Campingplatz direkt an der Treene. Dann erlebt man das wahre Friedrichstadt, das als vielleicht romantischster Ort der gesamten Gegend gilt. Ein Grund dafür könnte sein, dass sich hier die schönsten Rosen vor meist historischen Fassaden emporranken. Vielleicht liegt es aber auch daran, dass einige der Fassaden windschief in die Höhe ragen. Oder weil sie sich so schön im Wasser spiegeln. Friedrichstadt schimmert im Abendlicht. Wenn an den Ufern Eis geschlemmt wird oder man sich küsst. Tagsüber hingegen sind alle Strecken, die aus dem Städtchen hinausführen, genauso wunderbar. Mal kurz schwimmen gehen im Freibad der Treene, dann circa acht Kilometer hinauszurudern bis Schwabstedt oder weiter. Abends wieder im Dorf sein und das Licht genießen.

Am nächsten Tag kann man die mäandernde Eider entlangpaddeln, zwischen Deichen und grasenden Schafen, unter Brücken hindurch. Diese Ruhe! Den ganzen Tag an der frischen Luft, je nach Lust und Laune mal anlegen und sich ein Weilchen im Gras ausruhen. Das Rauschen des Windes in den Bäumen. Ein Pick-

Hin & weg: Über die B5 bis zur B202 in Richtung Friedrichstadt.

Beste Zeit: Juni–August.

Dauer: 2–3 Tage.

Ausrüstung: Sonnencreme, Hut, Sonnenbrille, Badesachen, Wasser, Picknicksachen.

Wenn es Nacht wird: Nicht nur bei den dänischen Gästen beliebt ist der Eider-Treene-Campingplatz (www.treenecamp.de) direkt hinterm Deich. Abends wird man vom »Mööäh« der Schafe in den Schlaf gesungen.

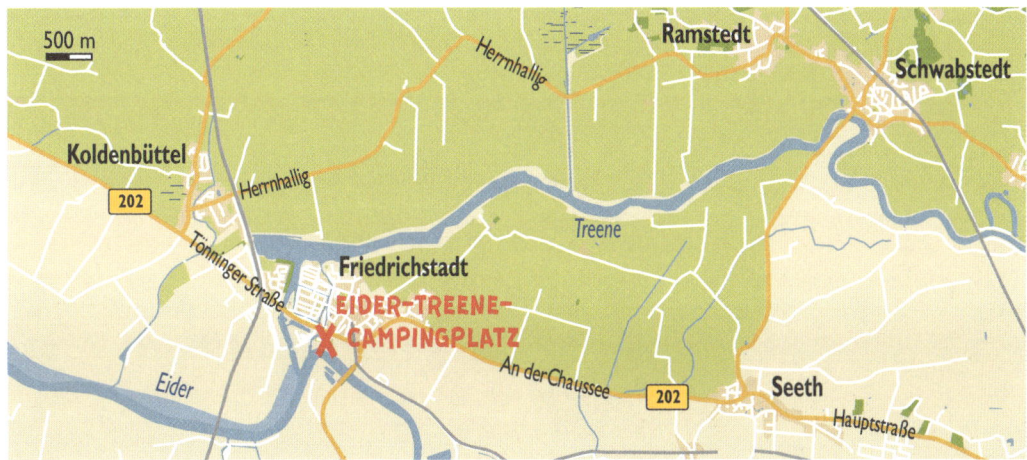

nick am schönsten Uferplatz? Unbedingt! Also wird an der Eider gezeltet. Und die Kanus, die kann man am Eider-Treene-Campingplatz auch gleich ausleihen. Eindeutig die beste Fortbewegungsart im Holländerstädtchen, das vom Wasser umzingelt ist.

FAZIT: »IMMER EINE HANDBREIT WASSER UNTERM KIEL«, HEIßT DAS MOTTO DIESES EBENSO CHILLIGEN WIE ENTSPANNTEN WOCHENENDES.

EINFACH MAL LANGSAM MACHEN

... auf Hallig Langeneß

 # 4

Viel zu tun gibt es auf Hallig Langeneß eigentlich nicht, doch gerade das ist ja das Gute. Einfach nur schlemmen, lesen und in die Pedale treten.

Aktive, Leser und Genießer - verschiedene Typen von Halligbesuchern kommen auf Langeneß auf ihre Kosten.

Schafe und Kühe grasen friedlich auf den Fennen. Rundherum nichts als der Wind, der über die Landschaft fegt. Amrum und Föhr sind in Sichtweite, kein Deich schiebt sich zwischen Meer und Land. Das ist die Halligwelt. Still und wunderbar ist es im Herbst auf Langeneß. Die Schreie der Zugvögel in der Luft. Der ewige Wind streicht über das Meer. Und jeder Neuankömmling spürt: Da ist eine gewisse Lässigkeit der Zeit gegenüber, hier auf der Hallig. Einfach mal langsam machen. Gewürzt mit einer Prise Fatalismus, die in dem beliebten Satz der Einheimischen steckt: »Dann ist es eben so.« Das Wetter ändert sich im Stundentakt, und der nächste Sturm kommt bestimmt. Vor allem im Herbst.

Unter den Halliggästen lassen sich drei Grundtypen herauserkennen: Es gibt die Aktiven, die jede freie Minute an der frischen Luft verbringen, egal welches Wetter. Dieser Typus ist natürlich mit Gummistiefeln und Regencape ausgestattet. Dann sind da die Leser: Sie besetzen sämtliche Strandkörbe, liegen oder sitzen auf den Gartenstühlen vor ihrem Zimmer oder bei schlechtem Wetter im Café. In die dritte Kategorie fallen die Genießer: Sie ziehen die hochgradig gesunde Meeresluft hörbar tief ein, erfreuen sich ebenso laut und nicht selten am Ausblick und am kulinarischen Angebot.

Rundherum ist nichts als wundervolle Natur. Autos sind selten, Radfahren gilt als endemische Fortbewegungsart auf Langeneß, der größten und längsten der Halligen. Wer radeln will, fährt am besten dem Sonnenuntergang entgegen, Richtung Leuchtturm, dann rechts auf die Mayenswarf. Den aufgeschütteten Erdhügeln, die bei Überflutung Mann und Maus vorm Wasser schützen sollen, fehlt auf Langeneß das »t« am Ende. Irgendwo spielt vielleicht ein Schifferklavier, ertönen alte Seemanslieder. Durch den Wind kann man schon mal die doppelte Zeit für einen Rückweg brauchen. Aber wie gesagt, Zeit spielt nur eine Ne-

Hin & weg: Das Auto in Schlüttsiel stehen lassen, mit dem Schiff auf die Hallig fahren.

Beste Zeit: Ganzjährig – es ist immer anders!

Dauer & Strecke: 2 Tage – oder so lange, wie man es aushält. Die Route ist ca. 9 km lang (einfach).

Ausrüstung: Bücher, Mütze, Regensachen, Windjacke, Gummistiefel.

Wenn es Nacht wird: Ein Zimmer im Ankers Hörn (www.ankers-hoern.de), mit Blick auf Weite, Watt und Wiesen. Die Nordsee zum Greifen nah.

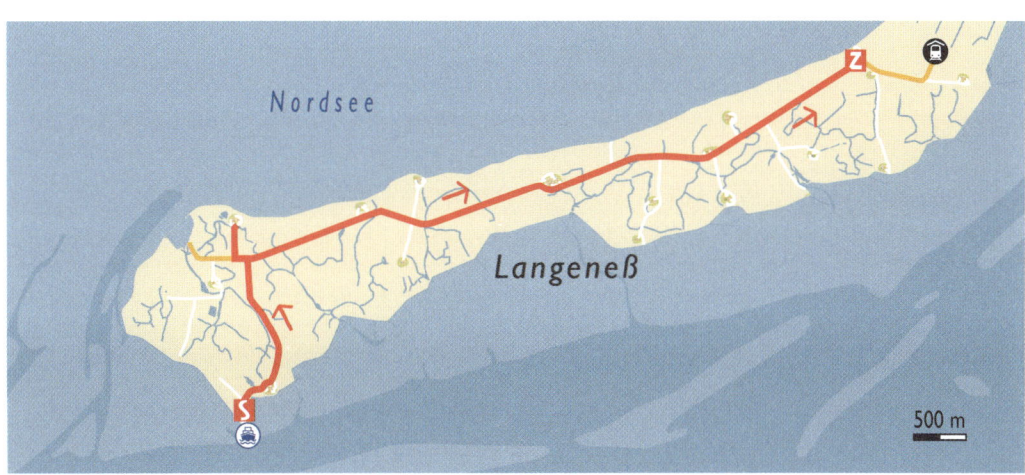

benrolle. Zurück im Hotel bleibt eines beste-
hen: der Blick in die Ferne. Ruhend auf dem
Meer. Und man muss unwillkürlich an den
alten Friesenspruch denken: Rüm hart, klaar
kiming – weites Herz, klarer Horizont.

FAZIT: UM DIE BATTERIEN AUFZULADEN,
GIBT ES NICHTS BESSERES ALS EINEN
TRIP AUF DIE HALLIG LANGENEß.

Nordsee

Langeneß

500 m

KAISER-WETTER AM SEE

⟩ ... am, im und auf dem Plöner See ⟨

Wer nichts mit Seen anfangen kann, ist in Plön falsch. Nicht einmal acht Prozent der kleinen Kreisstadt in der Holsteinischen Schweiz sind Landfläche. Wer sich hingegen gern in, auf oder um Seen herum aufhält, hat die Qual der Wahl. 16 Seen gehören zum Stadtgebiet; unter ihnen der zehntgrößte See Deutschlands.

#HolsteinischeSchweiz #Kanumekka #kaiserlichePrinzeninsel

Das letzte noch erhaltene Schloss Schleswig-Holsteins in Höhenlage.

Wenn Kurzreisende an einem hochsommerlichen Freitagnachmittag mit dem Zug Plön erreichen, erwartet sie das große Dilemma der Holsteinischen Schweiz. Wohin bloß soll man den Blick wenden? Zum Schloss? Der niedlichen Altstadt? Oder zum Großen Plöner See, eingebettet in eine idyllische Hügellandschaft? Entscheidungshilfe leistet die Touristinformation im Prinzenbahnhof. Oder ein etwa drei Kilometer langer Auftaktspaziergang zur Prinzeninsel, die man als schönste interaktive Landkarte Schleswig-Holsteins bezeichnen kann. Einfach das Gepäck im Schließfach deponieren und vom Bahnhof mit der wundervollen Überdachung aus den 1890er-Jahren auf den Strandweg wechseln und Richtung Schloss spazieren.

Ursprünglich war der imposante Bau hoch über dem See von roter Farbe. Den schneeweißen Verputz erhielt es, als der dänische König Christian VIII. Plön zur königlichen Sommerresidenz erklärte. Bis heute geht es auf der Promenade hübsch hyggelig zu – selbst in der Hochsaison. Das Ufer ist vom Autoverkehr abgeschirmt und nur von wenigen Cafés und Bootsstegen gesäumt. Rechter Hand taucht das Prinzenhaus auf, in dem die Söhne Kaiser

Wilhelms II. ihre schulische Erziehung erhielten. Den besten Blick auf das Schloss bietet der Sommerpavillon im Alten Apfelgarten. Er liegt gefühlt schon auf der Prinzeninsel. Doch erst jenseits der kleinen Brücke befindet man sich wirklich auf dem ehemaligen Lehrbauernhof der kaiserlichen Söhne.

Etwa zwei Kilometer lang und an manchen Stellen nicht einmal 30 Meter breit, streckt sich die dicht bewaldete Halbinsel in den See hinein. Die Wasserqualität kann am kleinen Sandstrand getestet werden, wo die Prinzen einst das Schwimmen lernten. Heute legen Kanuten, Kajak-Kapitäne und Stand-up-Paddling-Künstler hier gern eine Pause ein, um sich am Kiosk zu erfrischen. Das nicht weit entfernte Inselende soll der Lieblingsplatz von Auguste Viktoria, Deutschlands letzter Kaiserin, gewesen sein. Die Aussicht auf kleine unter Naturschutz stehende Inseln ist wirklich zauberhaft. Hier bekommt man auch einen guten Begriff von den Ausmaßen des größten Binnengewässers Schleswig-Holsteins. Die 37 Kilometer lange Rundtour mit dem Rad wäre unbedingt ein guter Plan für den

---

Hin & weg: Mit dem Zug nach Plön.

Beste Zeit: Hochsommer.

Dauer: 2–3 Tage.

Ausrüstung: Badesachen.

Wenn es Nacht wird: Die Hotelerie hat Luft nach oben, die Plöner selbst haben aber Geschmack. Airbnb ist angesagt (www.airbnb.de).

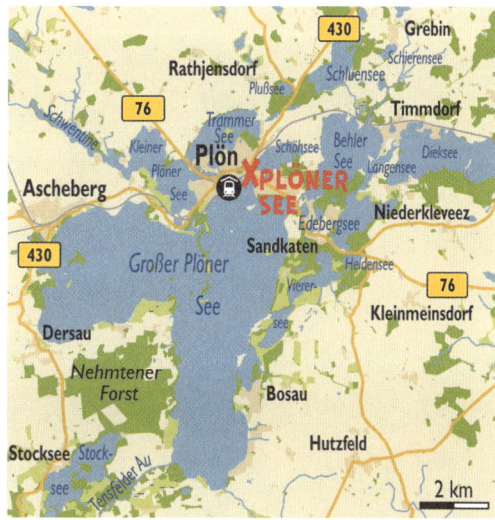

Dies soll der Lieblingsplatz der letzten deutschen Kaiserin – Auguste Viktoria – gewesen sein (links). Heute residiert die letzte deutsche Kaiserin der Ästhetik – Jil Sander – am gegenüberliegenden Ufer.

morgigen Sonnabend. Dabei kann man dann schon mal ausspähen, welchen Boots-, Kanu- oder SUP-Verleih man am Sonntag ansteuert. Und welchen der zehn Picknick-Partner (www.holsteinischeschweiz.de). Der Rucksack für ein Holsteiner Tretboot-Picknick etwa wird im Haus Schwansee in Bosau gefüllt. Die »Grüne Kaffeezeit« gibt es in der Plöner Schlossgärtnerei. Und da wäre es wieder, denken Kurz-

reisende, wenn sie nun mit dem Fahrgastschiff zurück zum Bahnhof schaukeln, das große Dilemma der Holsteinischen Schweiz.

FAZIT: WER EINMAL EIN SOMMERWOCHEN-
ENDE AN DEN PLÖNER SEEN VERBRACHT
HAT, WIRD VIELLEICHT SÜCHTIG – UND
MUSS ZIEMLICH SICHER NIE WIEDER AN
VOLLEN OSTSEESTRÄNDEN NACH EINEM
PLATZ FÜR SEIN HANDTUCH SUCHEN.

OUTDOOR FÜR ANFÄNGER

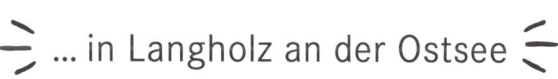

⋛ ... in Langholz an der Ostsee ⋜

#6

Manche schwören auf Camping. Andere finden das spießig oder aber mögen nicht auf einen gewissen Luxus verzichten. Die können auf der Halbinsel Schwansen ihre Vorurteile überprüfen. Im Camp Langholz, dem wunderbar versteckten Platz in Schleswig-Holstein für glamouröses Camping (= Glamping).

MASSAGE

Jeden Samstag ab 14⁰⁰
Anmeldung in der Reception

Es ist Sonnabend und im Camp Langholz wird der letzte freie Zirkuswagen bezogen. Das himmelblaue Schmuckstück mit der gelben Veranda steht nicht einmal zehn Meter vom Strand entfernt. Die Teilzeit-Besitzer der anderen Glamping-Unterkünfte sind bereits vollauf damit beschäftigt, das zu genießen, was Camping in seinem Ursprung ausmacht: Freiheit. Die Kinder einfach mal mit dem Kajak paddeln lassen. Angeln und schweigen. In der Hängematte chillen. Ein übergroßes Herz aus Steinen in den Sand legen.

Dazulegen oder die Umgebung erkunden, lautet die Frage. Ein erster kurzer Spaziergang führt etwa nach Klein Waabs, zunächst am Strand, dann über den Steilküstenweg bis zur Strandbude Mehr & Meer an der bewachten Badestelle. Dort wird der Käsekuchen direkt vor der Nase in den Ofen geschoben und der Wind rauscht in mächtigen Baumkronen.

Die größere Runde ist elf Kilometer lang. Sie führt ins Landesinnere entlang der Lehmberger Straße. Viel Verkehr ist nicht zu befürchten. Nach dreieinhalb Kilometern können Neugierige rechter Hand auf Gut Sophienhof Swingolf testen. Bei der Öko-Variante des Golfsports wird auf Düngung und Herbizide verzichtet, und es werden keine Strukturveränderungen an den Plätzen vorgenommen. Eine Platzreife ist ebenfalls nicht erforderlich.

Stärkung wartet auf dem benachbarten Gut Ludwigsburg, nicht einmal zwei Kilometer entfernt (www.gut-ludwigsburg.de). Für Romantiker hält es genau die richtige Mischung aus schick und morbide bereit. Die Alte Räucherei

Die kunterbunten Zirkuswagen sind ausgestattet wie Ferienhäuser. Wer seinen eigenen Schlafplatz auf dem Rücken mitbringt, freut sich über eine Massage im Camp.

verwöhnt mit täglich wechselndem Mittagstisch und 1a-Kuchen. Selbstversorger können sich im Hofladen mit regionalen Köstlichkeiten eindecken.

Von dort geht es durch die Felder hinunter zum gutseigenen Strand. Auf einer Anhöhe liegt eine verwunschene kleine Kapelle hoch über dem Aassee. Der Blick wäre wohl schöner, wenn nicht wieder mal ein Campingplatz durch die Bäume schimmern würde. Aber so ist das eben in Schwansen.

Es folgt sogar noch ein weiterer auf den verbleibenden drei Küstenkilometern zurück zum Ausgangspunkt. Bis dahin weiß selbst der Laie: Campingplatz ist nicht gleich Campingplatz. Camp Langholz jedenfalls hat sich auf die Fahnen geschrieben, ein Ort jenseits aller Negativ-Klischees und Schrebergarten-Atmosphäre zu sein. So steht es im Manifest, das auf der kleinen Speisekarte des Bistros Strandräuber abgedruckt ist. Pommes Schran-

ke sind daher nicht im Angebot. Stattdessen gibt es Wraps und Mojitos. Und Public Viewing bedeutet hier, einer Bande müde getobter Kinder zuzusehen, wie sie ihre Stockbrötchen übers Lagerfeuer halten. Gitarrenspielern zu lauschen, die hier manchmal Singersongwriter-Sachen zum Besten geben und an anderen Abenden von Wicki und den Wikingern, Pippi Langstrumpf und anderen Helden singen. Wer dann auf der Veranda eines Zirkuswagens, Safari-Zelts oder PODs sitzt, hört die Melodien wie aus weiter Ferne. Viel deutlicher, weil näher, ist das ewige Lied der Ostsee.

> **FAZIT: SO GEHT TOLERANZ – TRADITIONELLE CAMPER MISCHEN SICH MIT GLAMPING-EINSTEIGERN, AUSSTEIGERN UND SURFERN. AB UND ZU BEEHRT EINE BAND DAS CAMP. UND: JEDER LÄSST EINFACH DEN ANDEREN SEIN.**

Hin & weg: Mit dem Auto direkt bis zum Camp oder nur bis Bahnhof Rieseby; von dort weiter mit dem Rad oder zu Fuß (ca. 15 km).

Beste Zeit: April–Oktober.

Dauer: 1–2 Nächte.

Ausrüstung: Bettzeug, Schlafzeug, Badezeug.

Wenn es Nacht wird: Am meisten Outdoor-Feeling verspricht das POD, eine Art Zelt aus Holz mit Lattenrost, Matratzen, elektrischem Licht, Heizung, Gartenmöbeln, Grill und eigener Veranda. Mehr unter www.camp-langholz.de

ALLES SO SCHÖN HIP HIER

⋛ ... in Heiligenhafen an der Ostsee ⋚

#7 *Freie Flächen zuzupflastern ist nicht immer eine spitzenmäßige Idee. Aber in Heiligenhafen hört man von Einheimischen, Naturverbundenen, traditionellen Stammgästen, Surfern, Kitern und anderen Hipstern: Mit dem neuen Steinwarder hat die Hafenstadt die Pole-Position unter den Ostseebädern zurückerobert.*

1895 gründete die Deutsche Badegesellschaft Heiligenhafen eine Ferienkolonie auf dem Graswarder, einer der Stadt vorgelagerten Insel. In ihrem Prospekt warben sie für »eine Reihe niedlicher Privatvillen, die dem Landschafsbild eine willkommene Abwechslung geben« und berechneten »Nichtspekulanten für 1 Quadratmeter Baugrund nur 1 Pfennig«. Heute gehören die Badevillen zu den teuersten Immobilien Schleswig-Holsteins. Nur einige ausgesuchte Anwesen auf Sylt können da mithalten.

Längst ist der Graswarder über einen Damm zu erreichen. Aber noch immer gibt es kein Café, keinen Kiosk, nicht einmal die Straße ist geteert. Beim Spaziergang entlang der Reetdachträume sind bei bestimmten Windverhältnissen und Kälte Gummistiefel angesagt. Die Häuser sind so dicht ans Wasser gebaut, dass die Ostsee oft auf die Veranden schwappt. Beliebte Filmlocations sind sie alle. Selbst Hollywood hat hier schon gedreht. Und apropos: Was aus der Ferne wie die archaische Kampfmaschine eines Star-Wars-Streifens wirkt, entpuppt sich als Vogelbeobachtungsturm des NABU. Rund 220 Vogelarten steuern den Graswarder auf ihren Zügen an. Zu ihrem Schutz darf die Strand- und Salzwiesenlandschaft nur im Rahmen naturkundlicher Exkursionen betreten werden (www.graswarder.de).

Zur anschließenden Stärkung geht es an den Hauptstrand am Steinwarder. Dort, wo vor wenigen Jahren nur ein Parkplatz war, ist im Sommer 2016 lässiges Leben eingekehrt. Ferienhäuser unter Reet, hippe Hotels im New-Hampshire-Look, ein paar Geschäfte, wie sie auch in urbanen Szenevierteln zu finden sind. Und jede Menge entspannter Menschen, die ans, ins oder aufs Wasser wollen.

Bei Wind und Wellengang ist Heiligenhafen ein Xanadu für Wassersportler. Gibt sich die Ostsee sanft, geraten Ästheten aus dem Häuschen.

Bei Westwind rollen die Wellen nahezu ungebremst auf die Sandbänke zu und fordern die Könner unter den Surfern und Kitern heraus. Der rückwärtige Binnensee hingegen ist wie geschaffen für erste Versuche auf dem Brett. Bei Flaute verhilft Yoga am Strand zum inneren Ommm. Westwärts beginnt nach Betonburgen mit der Steilküste die Einsamkeit. Die Ausblicke von der Kliffkante sind herrlich, am Strand kommen Fossilienjäger auf ihre Kosten. Auf den folgenden sechs Kilometern kann man schon mal vergessen, dass es so etwas wie Zivilisation überhaupt gibt. Es ist trotzdem eine gute Idee, nicht zu spät umzukehren, um rechtzeitig im Sunset einen Platz zu ergattern (www.sunset-strandbar.de). Sonnenuntergangsspektakel sind an der Ostsee ja nicht selbstverständlich. Die Lage der kleinen Beachbar ist grandios. Dort kann man im glühenden Abendrot den kommenden Tag planen.

Denn es fehlt noch das maritime Heiligenhafen. Die Marina, mit 1000 Segelbooten. Die bunten Buden und Kutter im Hafen, wo Möwen um Fischabfälle streiten. Und ein fabelhafter Spaziergang zum Leuchtturm in Strandhusen – mit Blick auf den Graswarder, wo alles begann.

FAZIT: ES GIBT VIELE TOLLE KITE- UND SURFREVIERE AN DER OSTSEEKÜSTE. ABER AN WENIGEN ORTEN BLEIBT DIE ATMOSPHÄRE AUCH BEI FLAUTE SO LÄSSIG WIE IN HEILIGENHAFEN.

Hin & weg: Ohne Auto ist es kompliziert: Eine Möglichkeit ist, mit der Bahn bis Oldenburg in Holstein zu fahren und weiter mit der Buslinie 5804 oder 5811. Von Hamburg fährt auch ein Fernbus.

Beste Zeit: Summertime (when the living is easy).

Dauer: Verlängertes Wochenende.

Ausrüstung: Badesachen, Kapuzenpulli & Konsorten, evtl. Wassersportgeräte.

Wenn es Nacht wird: Beste Lage, bester Gastgeber, bester Look, bester Preis: die Bretterbude (www.bretterbude.de) ist wie ein Heimspiel vom 1. FC St. Pauli plus Meerblick. Skate- und SUP-Boards können geliehen werden. Bullies sind ausdrücklich willkommen; Dusche usw. vorhanden.

AMAZONAS-FEELING

 ... bei Bremen

Ursprünglich und wild, so zeigt sich die Hunte in der Wildeshauser Geest südwestlich von Bremen. Wer ins Kanu steigt, reibt sich darum kurz die Augen – hier liegt Dschungelflair in der Luft, eine ordentliche Strömung will bezwungen werden. Mittendrin entspannt man bei einer Rast am einsamen Ufer.

#Pocahontas #wildeHunte #Wasserlandschaft

Bei der Kanutour zwischen Oelmühle und Huntlosen sorgen zwei Stromschnellen für Adrenalin.

Gespannt lauschen die Kanuten dem Guide, der in die richtige Paddeltechnik und Verhaltensweisen auf dem Wasser einweist. Wer noch nie in einem Kanu saß, ist erst mal erstaunt, wie groß es ist. Das gibt natürlich Stabilität, denn diese braucht man auf der Hunte, wenn der Wasserstand hoch ist.

Die Hunte ist ein Nebenfluss der Weser und entspringt dem Osnabrücker Hügelland. Auf 105 Kilometern ist sie zwischen Hunteburg und Oldenburg mit dem Kanu befahrbar. Die Strecke zwischen Wildeshausen und Astrup gilt als reizvollste, denn hier ist die Natur am ursprünglichsten.

Die Tour startet in Dötlingen-Oelmühle und führt ins knapp zwölf Kilometer entfernte Huntlosen. Schon beim Einstieg in Oelmühle, direkt hinter einer Stromschnelle, steigt der Puls. Vorfreude, Nervenkitzel. Das erste Naturhindernis lässt nicht lange auf sich warten. Ein Baumstamm mit ein paar Ästen liegt quer im Fluss, erkennbar an der sich kräuselnden

Das Dorf Dötlingen blickt auf eine lange Geschichte zurück: Eine erste urkundliche Erwähnung stammt aus dem Jahre 1203.

Kanuneulinge schaffen etwa drei bis vier Kilometer pro Stunde. Aber hier herrscht ja keine Eile. Viel zu schön ist die Natur um einen herum. Hohe Steilufer wechseln sich mit sanften Böschungen ab. Mit Glück sieht man sogar einen flinken Eisvogel. Verschlungene Baumwurzeln ragen in den Fluss hinein, über dem an manchen Stellen mystischer Nebel liegt. Dass Kanufahren anstrengend ist, erahnt man von außen gar nicht. Ein Energie bringendes Picknick für unterwegs lässt sich zum Glück in der wasserfesten Tonne mitnehmen und an einem der offiziellen Rastplätze genießen.

An Tag zwei werden die Arme geschont, dafür dürfen nun die Beine ran. Bei einer Wanderung in der Umgebung von Dötlingen erkundet man die Huntelandschaft vom Trockenen aus. Der ausgeschilderte Huntepadd führt vorbei an der über 1000-jährigen Eiche im Dorfkern. Von hier aus geht es in den Buchenwald, der sich am Steilufer der Hunte auf sanft ge-

Wasseroberfläche. Nun ist der Steuermann oder die Steuerfrau gefragt. Denn hinten hat man einen wesentlich größeren Einfluss auf die Fahrtrichtung als vorne. Ein paar beherzte Paddelzüge, und schon gleitet man elegant vorbei am Hindernis.

Das Püttenhus von 1935 war einst ein Speicher und ist heute schmuckes Trauzimmer des Standesamts. Der Name stammt von der nahe gelegenen Quelle, der Pütte.

schwungenen Hügeln erstreckt. Das frische Moos, verschiedenste Pilze, saftiges Laub – fast wie im Märchenwald.

Ein weiteres Highlight des sechs Kilometer langen Wanderwegs ist das Großsteingrab Glaner Braut, das aus der Jungsteinzeit stammt. Umgeben von flacher Heide, sind die riesigen Felsen schon aus der Ferne zu sehen. Der Weg führt nun durch ein Feuchtgebiet, in dem elegante schlanke Birken wachsen. Von hier geht es über die neue Hunteschleife wieder zurück nach Dötlingen.

Nach so viel Action hat man sich was Süßes verdient! Im Heuerhaus Café ist es urgemütlich. Unter Holzbalken schlemmt man ein Stück frisch gebackenem Kuchen und dazu eine heiße Schokolade. Schmeckt nach so viel Frischluft göttlich.

FAZIT: SO WILD KANN DEUTSCHLAND SEIN. FAST WIE AUF EINER DSCHUNGELTOUR.

Hin & weg: Mit dem Zug bis Oldenburg, von hier mit dem Bus Nr. 270 bis Dötlingen. Alternativ mit der Regionalbahn bis Wildeshausen und weiter mit Bus Nr. 270 bis Dötlingen. Die Kanutouren beginnen an unterschiedlichen Einstiegsstellen. Je nachdem, für welche man sich entscheidet, benötigt man einen PKW.

Dauer & Strecke: 2 Tage. Wanderung 6 km, Kanutour 12 km.

Beste Zeit: Mitte Juni (nach der Brutzeit) bis Mitte Oktober (je nach Witterung). Tourenvorschläge und Buchung bei Kanu4You (www.kanu4you.com).

Ausrüstung: Bequeme Kleidung, festes Schuhwerk für die Wanderung. Eine wasserfeste Tonne für Wertsachen wird bei der Kanufahrt gestellt.

Wenn es Nacht wird: Landhotel Dötlingen, zentral im Dorf gelegen (www.landhotel-doetlingen.de).

AHOI, MATROSEN!

… auf der Weser in Bremen

#9

Maritimes Flair, eine steife Brise, Möwengeschrei. Anheuern auf dem Klabauterbett lässt große und kleine Piratenherzen höherschlagen. Dem Sonnenuntergang vom Wasser aus zusehen, danach bei einer Tasse Tee warm einkuscheln, so geht Urlaub vor der Haustür.

#Segelhissen #Weserliebe #Wellengang

An Bord der Schiffsherberge fühlen sich Paare und Familien gleichermaßen wohl. Und dank Kamin ist es auch im Winter muckelig warm.

Zentral in Bremen und doch wie in einer anderen Welt befindet sich das Klabauterbett. Wer es nicht weiß, vermutet ihn hier nicht: den gemütlich hergerichteten Segelklipper, in dem heute übernachtet wird. Von der Innenstadt aus ist es nur einen Katzensprung über die Stephanibrücke auf die Neustädter Weserseite, und schon ist man da.

Hinter der De Liefde, einem imposanten roten Windjammer, liegt die Ronja. Mit stattlichen 26,5 Meter Länge, hohen Masten und vor allem mit vier urgemütlichen Kajüten. Eine davon, die Klüverkoje, ist standesgemäß nur über eine Dachluke an Deck erreichbar. Da werden Kindheitsträume vom wilden Matrosenleben wahr.

In der warmen Stube der Ronja klönt man bei einer Tasse Tee, schmökert in einem Buch oder spielt eine Runde Karten. Wie echte Matrosen eben. An Deck genießt man die Aussicht auf die Weser, die vorbeifahrenden Boote und die Skyline der Überseestadt. Der ideale Ort, um sich in die Ferne zu träumen.

Wer übrigens einen Segelschein hat, kann auf der rustikalen Kaja anheuern. Mit ihr darf nämlich in See gestochen werden. Aber auch ohne Segelschein kann auf ihr übernachtet werden, echtes Seefahrerfeeling ist da garantiert: Schön schauklig ist es hier, wenn ein größeres Schiff vorbeifährt und für Wellengang sorgt. Die Wasservögel sind zum Greifen nah, und mit Glück kann auch schon mal eine Robbe aus der Weser hervorgucken. Für alle angehenden Kapitäne ist Kalle Theodor die richtige Wahl – auch ohne Führerschein darf man mit dem motorisierten Schlauchboot in See stechen.

Wenn sich der Tag dem Abend zuneigt, geht es auf jeden Fall an Deck. Der Sonnenuntergang taucht den Himmel über der Weser in ein Farbenkonzert aus Orange, Rot, Pink. Einen kühlen Sundowner dazu und schnell ein mentales Foto machen. Denn so nah und doch so fern fühlt man sich nirgendwo sonst im schönen Bremen.

Hin & weg: Mit der Straßenbahn Linie 2 oder 3 oder dem Bus 25 bis Haltestelle Radio Bremen/VHS. Von hier etwa 10 Min. Fußweg.

Dauer: 1,5 Tage.

Beste Zeit: Ganzjährig charmant.

Ausrüstung: Schlafanzug und Waschzeug.

Wenn es Nacht wird: Liebevoll, individuell und heimelig eingerichtet sind die Kajüten auf der Ronja, dem Klabauterbett an der Weser. Zur Flotte gehören auch noch das Segelschiff Kaja und das Motorboot Johann. Infos und Buchung unter www.klabauter-bett.de

45

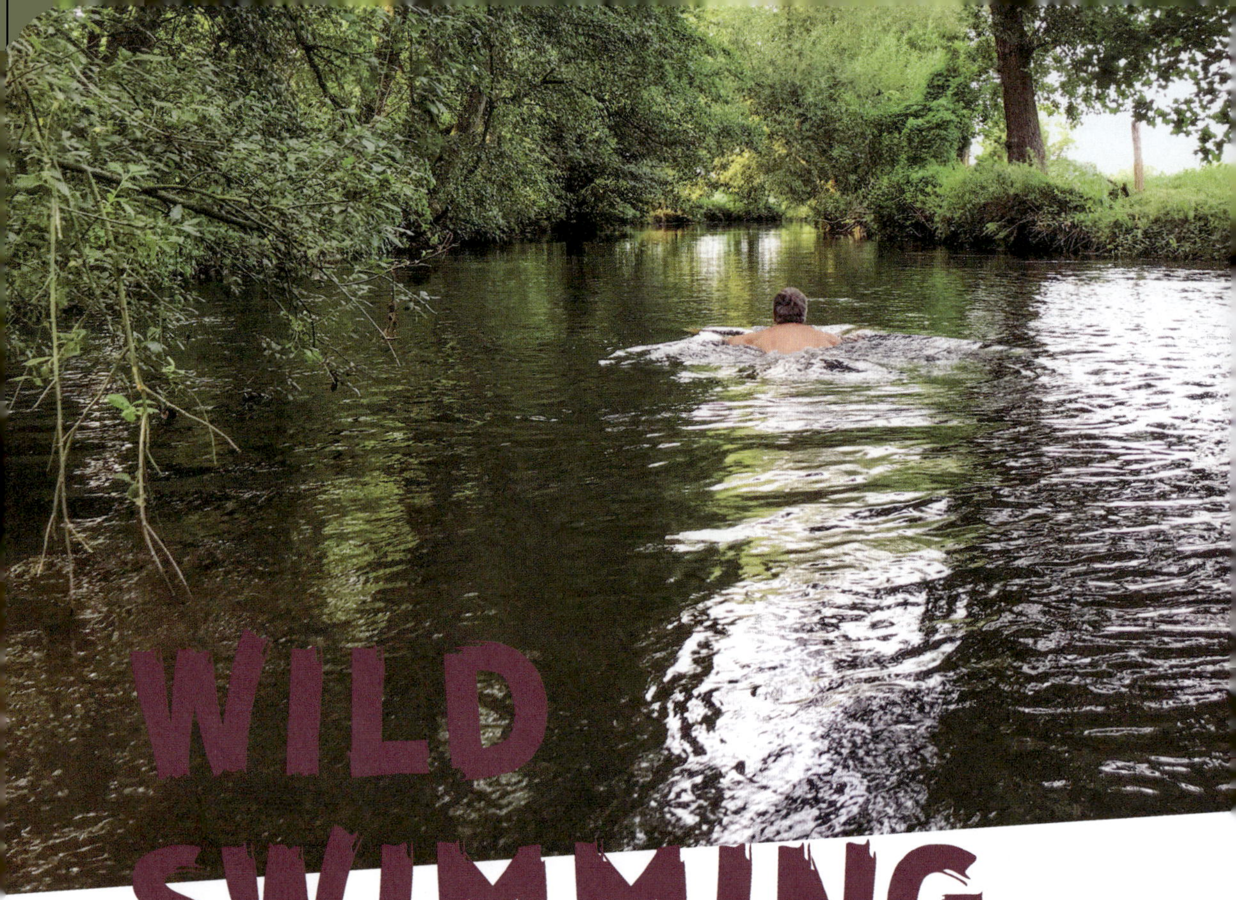

WILD SWIMMING

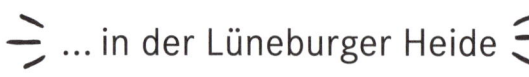

… in der Lüneburger Heide

#10

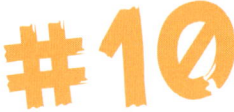

Mit Abenteuerlust und ein bisschen Planung kann man in der Umgebung von Salzhausen die Luhe ein Stück hinunterschwimmen. Frostbeulen tauchen nur kurz unter und machen es sich am Ufer schön. Wichtigstes Utensil: Rücksicht. Auf Tiere und Pflanzen in und am Fluss.

#Mikroabenteuer #fürdenRestdesTageswach #Luheglück

Kleines großes Abenteuer: Schwimmen durch die Luhewiesen. Frisch gemäht duften sie nach Heu.

Flussschwimmen heißt nicht nur kurz eintauchen, ein, zwei hektische Züge schwimmen und dann sofort wieder raus. Nein, es heißt: richtig mit dem Fluss schwimmen – was für ein Naturerlebnis! Die Luhe fließt durch Heide, Wiesen und Wälder. Meist ruhig, nur hier und da hat sie kleine Stromschnellen. Man muss sich gut überlegen, welche Strecke man zurücklegen will, und seine Kälteempfindlichkeit

realistisch einschätzen. Es sollte schon ein sehr warmer Tag sein. Denn wer erst einmal im Fluss ist, kann nicht überall wieder raus.

Der erfahrene *wild swimmer* deponiert an der Ausstiegsstelle Handtuch und Anziehsachen. Wie bei jeder Paddeltour muss er sich vorher genau überlegen, wo er den Fluss verlässt und wie er zurückkommt. Oft geht es aber sogar

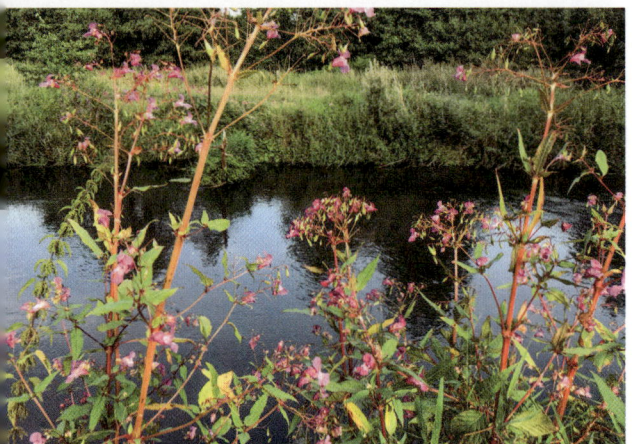

Auf der Böschung wachsen Schilf, Blumen und Beeren. Malerisch – nur raus kommt man nicht überall!

zu berühren, wild schwimmen wie in einem verwunschenen Tunnel. Man hat sich tatsächlich getraut! Die Uferböschung zieht vorbei. Blutweiderich leuchtet rosa aus dem Dickicht, dann wird das Ufer lichter.

Es reichen ruhige Züge, die Strömung ist nicht besonders stark, eher sanft, aber sie nimmt einen auch ohne große Schwimmaktion mit. Das ist die Überraschung: Die Luhe hilft einem, man kann sich ihr anvertrauen. Aber Vorsicht: Es ist immer gut, solche Unternehmungen mindestens zu zweit zu machen und die Augen offen zu halten. Unter Wasser können Baumstämme liegen, die man nicht sieht. Hier muss man vorsichtig drüberschwimmen, sonst ratscht man sich die Oberschenkel auf. Danach ist alles frei und sooo still. Man lässt sich treiben, dreht sich auf den Rücken, blickt in den Himmel. Die Luhe öffnet sich ein wenig, wird zum verzauberten Feenteich. Aber das Wasser ist frisch!

einfach zu Fuß, denn so lange wie im Kanu ist man nicht unterwegs. Wenn das Wasser zwischendurch zu flach ist, wird einfach ein Stück gegangen.

Stellen zum Flussschwimmen sind Geheimtipps, daher wird hier nicht zu viel verraten. Selbst entdecken ist der halbe Spaß. Aber es gibt sie, lauschige Orte, an denen man an den Fluss kann. Wiesen, die – frisch gemäht – herrliche Sonnenplätze bieten. Badestellen im Wald. Wer sie verrät, bekommt es mit den Einheimischen zu tun.

Und so könnte es sein: Sachen deponieren und auf einem Feldweg flussaufwärts marschieren. An einer Brücke kommt man meist gut in die Luhe. Eintauchen, kurz Luft anhalten – und los! Die Bäume scheinen sich oben

Hin & weg: Mit dem Heide-Shuttle von Buchholz, mit Bus 5200 von Lüneburg oder mit dem Auto nach Salzhausen oder Luhmühlen; am besten man hat sein Rad dabei; dann die besten Plätze selbst entdecken: hin im Fluss, zurück zu Fuß.

Beste Zeit: Hochsommer.

Dauer: Schwimmen ca. ½ Stunde, je nach Einstieg 2–3 km; danach: den Sommertag bis Sonnenuntergang genießen.

Ausrüstung: Unbedingt Turnschuhe (am Flussgrund können spitze Steine, Äste, auch mal Scherben liegen)! *Dry bag* für die Wertsachen; Handtuch und alles, was man für einen Badetag eben so braucht.

Wenn es Nacht wird: Rüter's Hotel und Restaurant im alten Ortskern von Salzhausen, mit Sommerterrasse, www.rueters-gasthaus.de

Alles im Fluss: Wer in der Luhe schwimmt, kommt ihr noch näher als beim Paddeln. Danach hat man eine Flussfreundin fürs Leben gewonnen.

Man hört das Wehr rauschen, hier müssen die Paddler »umtragen«. Kein Problem, links dran vorbeizuschwimmen. Gleich dahinter muss man allerdings raus, die sandige Stelle ist nicht zu übersehen (ein Weiterschwimmen nicht möglich!). Etwa 200 Meter flussaufwärts überquert man einen Steg und wandert zurück. Die Haut prickelt, der Geist ist beschwingt für den Rest des Tages.

Wie wäre es danach mit einem Eis in Salzhausen? In der bezaubernden Heidekirche gibt es im Sommer Orgelkonzerte.

FAZIT: GLÜCKSMOMENTE IM FLUSS, DANACH SONNEN AUF FRISCH GEMÄHTER WIESE — VIEL RUHIGER ALS IM FREIBAD.

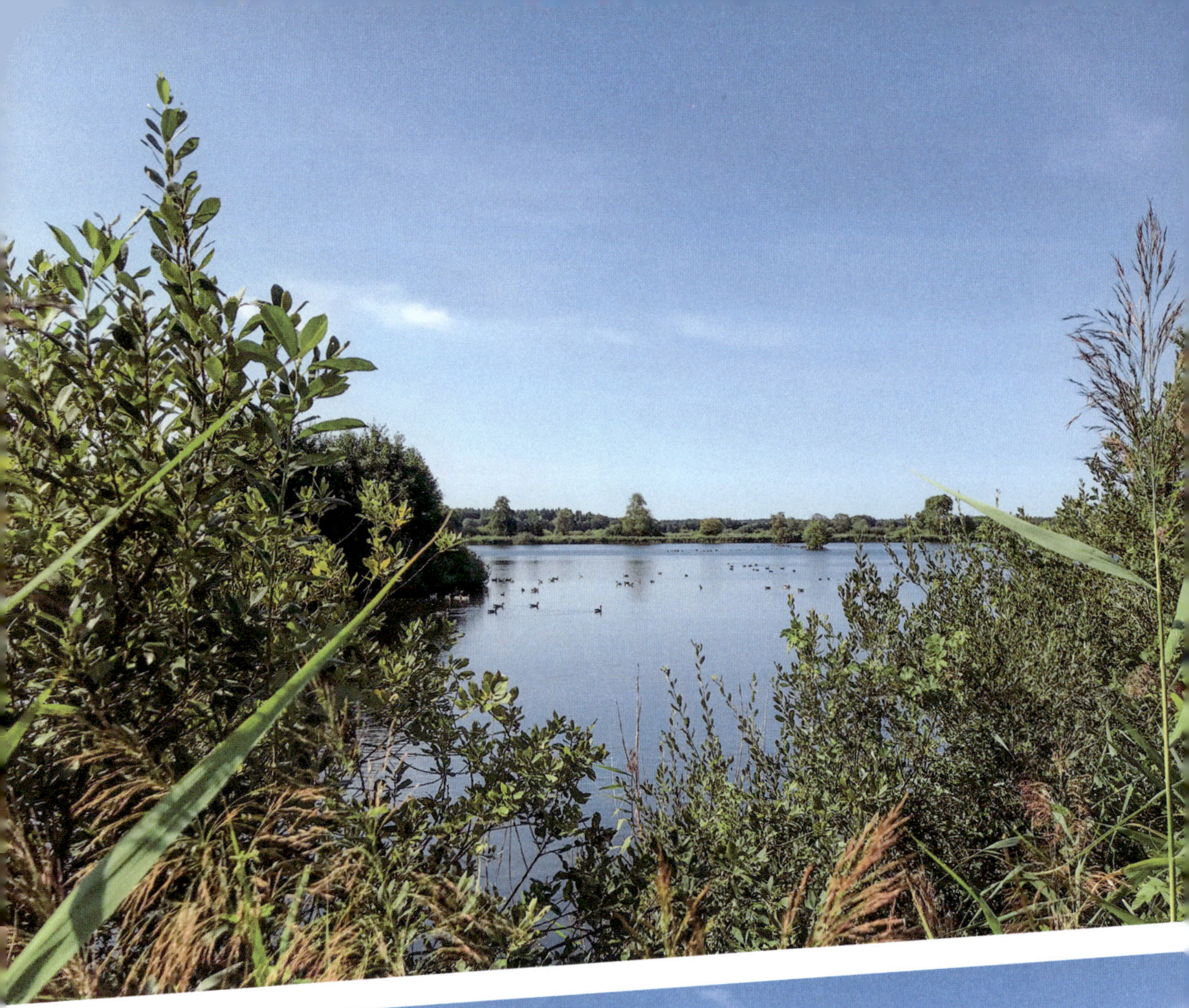
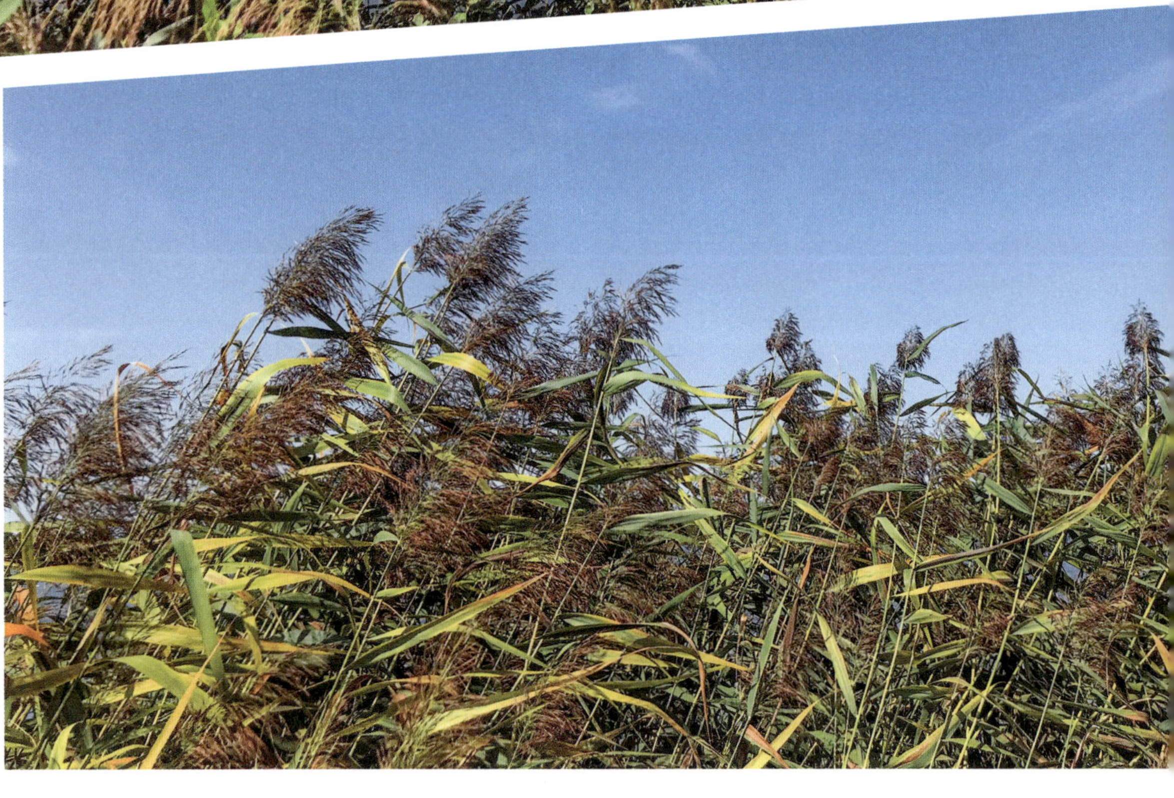

ENTEN-KONZERT

 ... an den Meißendorfer Teichen

 **#11** Der Name ist irreführend, denn hinter den Teichen verbergen sich große Seen mit einer atemberaubenden Vogelwelt. Ein Rundweg führt zum Birdwatching um den Hüttensee, ein anderer durch Wald und Wiesen, teils an der Meiße entlang. Und danach: Sandstrand und Schwimmen im Badesee in der Lüneburger Heide.

Klug gemanagt müssen Naturschutz und Baden kein Widerspruch sein. Zum Schwimmen gibt's einen kleinen See am Campingplatz.

angesiedelt. Man staunt über die Vielfalt auf dem Wasser und wünscht sich ein Vogelbestimmungsbuch.

Aber auch *in* den Seen tummelt sich einiges: Hecht, Rotfeder, Brasse, was für ein Schmaus für Kranich, Fisch- und Seeadler. Am Südufer des Hüttensees steht ein Aussichtsturm, der Blick ist sensationell. Spätestens hier wird das Fernglas aus dem Rucksack gekramt. Besser, man trägt es gleich um den Hals.

Der Plan für den nächsten Tag? Ein anderer Rundweg führt am kleinen Flüsschen Meiße entlang. Man startet am Gut Sunder, das dem

Das Vogelparadies beginnt gleich hinterm Campingplatz, Kiebitze zwitschern im Wald um die Wette, von den Seen hört man die Rufe der Wasservögel. Ein Grasweg führt am 45 Hektar großen Hüttensee entlang. Mecklenburger Seenplatte? Nein, Lüneburger Heide, die Überraschung ist perfekt. Der See linker Hand mit seinen kleinen Inseln steht komplett unter Naturschutz, hier haben die Vögel alles für sich. Die Schnatterente macht ihrem Namen alle Ehre, aber auch Knäkenten, Kolbenenten, Haubentaucher, Graugänse, Lachmöwen – und wie die über 130 Vogelarten, die es hier gibt, alle so heißen – geben ihren Kommentar dazu ab. Ein grandioses Konzert. Und ganz ohne Pause.

Das dichte Schilf raschelt im Wind, weiße, gelbe, rosa Kleckse leuchten zwischen dem Grün hervor. Am Himmel kreisen manchmal Raubvögel. Auch Otter haben sich hier wieder

Hin & weg: Mit der Bahn nach Celle und Bus 900 nach Winsen/Aller; von dort mit Bus BB 901 nach Meißendorf-Hüttenseepark. Oder mit dem Auto.

Beste Zeit: Immer schön; außerhalb der Sommerferien ruhig.

Dauer & Strecke: Jeweils 2–3 Stunden: Hüttensee-Rundweg 4,6 km, Meiße-Rundweg 4 km; bei beiden: viel Zeit zum Vögelgucken.

Ausrüstung: Fernglas, Vogelbestimmungsbuch, Entenlockpfeife, Badesachen, ggf. Surfboard.

Wenn es Nacht wird: Campingplatz Hüttensee (www.campingpark-huettensee.de; hier kann man Zelte, Camper und Hütten auch mieten). Oder Hotel & Café Herrnhaus Gut Sunder, mit Cafégarten unter einer alten Linde (Tel. 05056 9710057).

Auf dem Hüttensee dürfen Menschen segeln, aber nicht schwimmen und auch nicht auf den Inseln anlanden. Wer um den See wandert, kann mit Glück nicht nur Vögel, sondern auch Schmetterlinge beobachten.

NABU gehört, wandert durch Wald, hört das Gurgeln des Bachs, dann geht's durch Wiesen. Grillen zirpen, Schmetterlinge flattern zu den Blumen am Wegrand: Landkärtchen, Tagpfauenauge, kleiner Fuchs. Durch ein kleines Gehölz mit roten Beeren schickt die Sonne ihre Strahlen.

Ab und zu zeigt sich die Meiße, die auf einem Teilstück renaturiert durch die Aue fließt. Viele Pflanzen und Tiere sind seither zurückgekehrt: der Wachtelkönig ist einer davon. Wieder im Wald zaubert die Sonne Schattenspiele auf die Bäume. Und dann kommt das Beste: Zwei kleine Arme der Meiße fließen zusammen, über einen Mini-Wasserfall führt ein Holzsteg. Kurzes Nachdenken, dann Schuhe weg, Strümpfe aus, auf den Steg gesetzt und die Füße in den kleinen Whirlpool gestreckt. So einfach kann Wellness sein.

FAZIT: BEEINDRUCKENDES VOGEL- UND NATURSCHUTZGEBIET: WANDERN, BIRDWATCHING, DANN AUF ZUM BADEN!

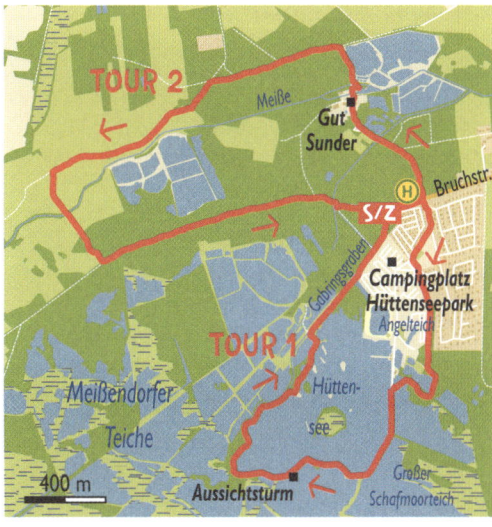

MEHR MEER

... rund ums Steinhuder Meer

#12

Unberührte Natur, eine Burg und ein Strand so weiß wie in der Karibik – das Steinhuder Meer ist ein Paradies für Sonnenanbeter und Radfahrer. Wer außerhalb der Saison kommt, hat die Wege fast für sich allein.

Das Rad dabei - und im besten Fall ein Pausenbrot, so geht es rund um das Meer, das ein See ist.

Das Steinhuder Meer ist nicht eben klein, aber auch nicht unermesslich groß, die Rundtour mit einer Distanz von 32 Kilometern können auch Ungeübte schaffen. Den Weg zu finden ist nicht schwer; überall dienen kleine Schilder der Orientierung, sodass man sich ganz auf die Natur konzentrieren kann.

Und dann geht es auch gleich los; in Steinhude am Südostufer des Sees, Richtung Westen immer der Lütjen Deile entlang. Als Erstes trifft man dann auf den Aussichtspunkt mit Hütte, eine gute Gelegenheit, über den Holzsteg ein paar Meter übers Wasser zu gehen, kleine Wellen tanzen über die Oberfläche.

Nach dem Stegerlebnis Richtung Hagenburg halten, das Schloss wird passiert. Folgt man weiter den Schildern, hat man dann alles richtig gemacht, wenn sich vor einem der Meerbruch mit seinen Wiesen auftut. Frösche quaken hier bis tief in die Nacht, und mit etwas

Ausspannen auf dem Wasser, die Sonne über allem – Kurzurlaub, wie man sich ihn wünscht.

Glück zieht ein Seeadler seine Kreise. Wer mag, macht in der Beobachtungshütte Südbach eine Rast. Danach führt der Weg weiter Richtung Mardorf, und damit ist auch bereits die andere Seeseite erreicht. Mardorf selbst wirkt derweil ein bisschen wie Travemünde an der Ostsee; mit Booten, die sich im Wasser wiegen, mit einer kleinen Promenade, Menschen flanieren oder sitzen mit einem Bier in der Sonne.

Von hier aus geht es dann weiter zur Weißen Düne, deren Strand selbst aus der Luft gut zu erkennen ist. Badehose angezogen und rein ins Wasser, wie Urlaub fühlt es sich an. Wer ein Zelt dabeihat, schlägt es auf einem der Campingplätze auf und verbringt die Nacht diesseits des Ufers.

Wer kein Freund des Freiluftschlafens ist, radelt weiter; aus der Meer- wird die Moorstraße, es geht vorbei an Birken und kleinen Stegen, und nun hat man endgültig das Gefühl, von der Welt vergessen worden zu sein. Blaubeeren wachsen, Schmetterlinge und

Es sind die kleinen Dinge, die plötzlich ins Auge springen: die Blüte, das Boot, der romantische Weg zum Schloss.

Käferchen tanzen in der Sonne. Und bevor man mit dem Ostufer Wulveskuhlen erreicht, ruht man sich noch eine Weile auf einer der Bänke aus und liest vielleicht im mitgebrachten Reiseführer.

Von hier aus ist es nicht mehr weit bis Steinhude, im Ort selbst das sanierte Scheunenviertel nicht verpassen. Bevor sich die Sonne ganz in den Abend verabschiedet, wird in einem der vielen Cafés und Restaurants noch ein Sundowner genossen.

Diejenigen, die auf der anderen Uferseite übernachten, setzen die Reise am nächsten Morgen mit der Umrundung fort, die anderen verbringen den nächsten Tag am Strand oder planen einen Ausflug zur Festung Wilhelmstein; dort gibt es ein kleines Museum und auch ein Café.

Hin & weg: Mit dem Zug oder von Hannover mit der S2 bis Bahnhof Wunstorf, weiter mit der Buslinie 710, 711, 715 oder 835 nach Steinhude.

Beste Zeit: Frühling, Sommer, Herbst.

Dauer & Strecke: 2 Nächte. Rundtour 32 km.

Ausrüstung: Kamera, Picknick, Picknickdecke, Badesachen, etwas zu trinken, Kleingeld für einen Snack. Campingsachen, wer die Nacht im Zelt verbringen will.

Wenn es Nacht wird: Es gibt eine Vielzahl von Unterkünften in der Gegend, die Tourismusbehörde ist gern bei einer Buchung behilflich. Wer einmal in einer Windmühle übernachten möchte, bucht sich in Schneeren ein (www.windmuehle-schneeren.de). Wer lieber sein Zelt aufschlägt, etwa hier www.camping-steinhuder-meer.de

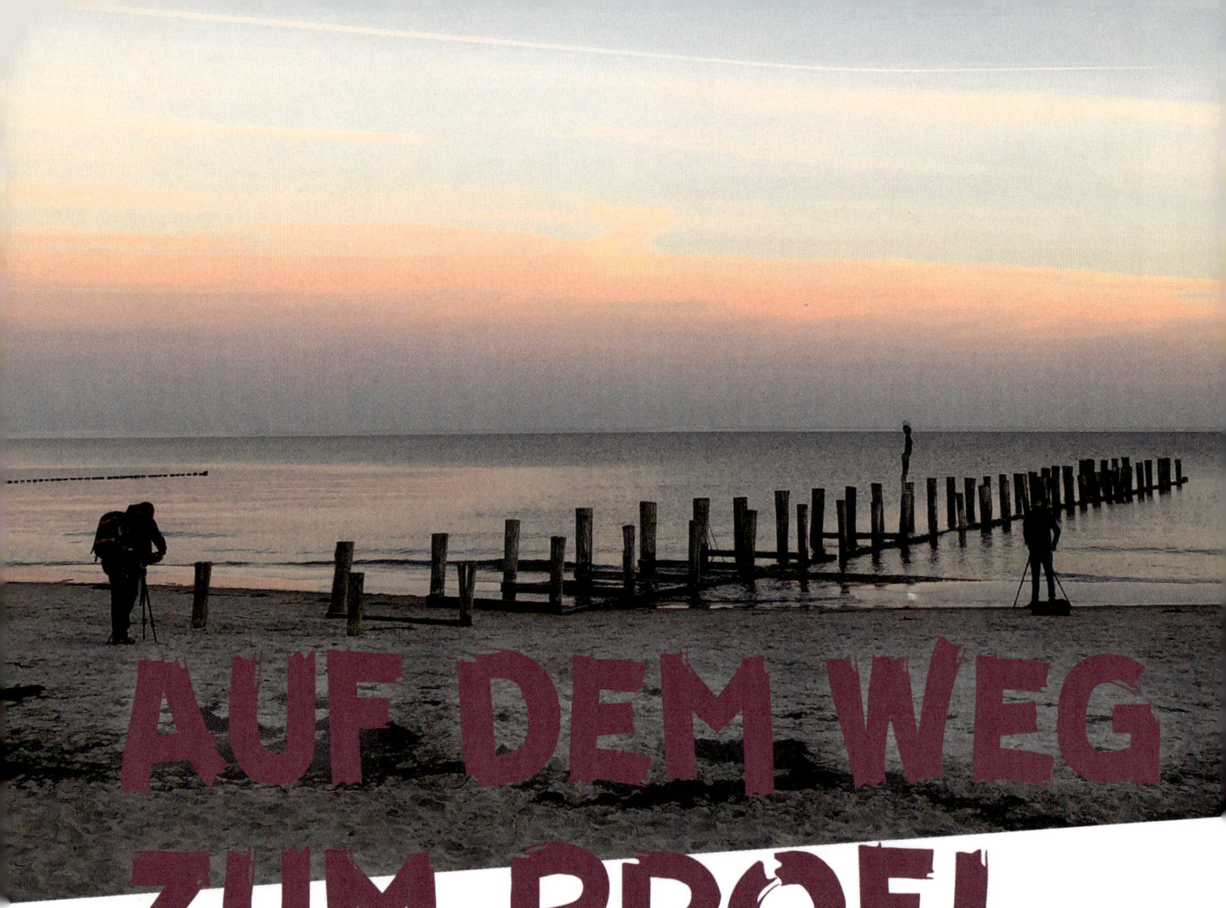

AUF DEM WEG ZUM PROFI

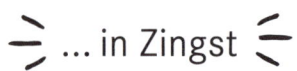

... in Zingst

#13

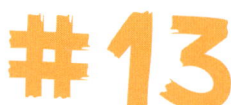

Im Urlaub wird jeder zum Fotografen und schießt ein Bild nach dem nächsten. Warum es nicht gleich professionell angehen: mit einer guten Kamera und spannenden Motiven? Ein Wochenende auf dem Fotokunstpfad in Zingst.

#rosaroteBrille #FokusFoto #fastwieeinProfi #werbrauchtschonModels?

Anziehend und reflektierend: die »Sea Daughter« des schottischen Künstlers Rob Mulholland.

Irgendwer latscht immer durchs Bild, irgendeiner muss immer vor dem Ding posieren. Wer die überdimensionale Sonnenbrille am Strand von Zingst ohne Störfaktoren ins Bild bekommen will, muss wohl früher aufstehen. Resigniert lässt sich der Hobbyfotograf hinter den gigantischen Gläsern in den Sand plumpsen. Und guckt durch die rosarote Brille auf das Meer. Das stimmt sofort milde. Es ist ja

erst der Anfang. Am »Sea Pink II« des Schweizer Bildhauers Marc Moser beginnt diese Tour auf dem Fotokunstpfad, auf dem sich acht Installationen so geschmeidig in die Landschaft schmiegen, wie sie sich dem Fotografen freundlich aufdrängen. Der Pfad wurde von dem Seebad initiiert, das sich seit 2011 als Erlebniswelt Fotografie Zingst definiert, ein so einzigartiges wie cleveres Stadtkonzept.

Nur wenige Schritte weiter steht die »Sea Daughter« des schottischen Bildhauers Rob Mulholland auf der Buhne: Es ist die Silhouette einer Frau, die ihr Gesicht in die Sonne hält. Das Material reflektiert. Am besten so postieren, dass weder man selbst noch das Verkehrsschild hinter der Düne ins Bild gerät. Oder vielleicht gerade doch?

Pro Kunstwerk sechs unterschiedliche Perspektiven finden – so wollen es die Macher des Fotokunstpfads. Na dann: die Füße verändern die Position, die Finger die Einstellungen an der Kamera. Zoom, Blende, Filter ... Der Apparat hat einiges drauf. Im Laden kostet er mehrere Hundert Euro, in Zingst bekommt ihn jeder kostenlos für bis zu drei Tage ausgeliehen – ein weiterer Baustein der Fotostadt Zingst.

Die anderen: Zweimal im Jahr holen große Fotofestivals die Profis hierher; allein das Umweltfotofestival »horizonte Zingst« Ende Mai zählt über 40 000 Besucher. Insgesamt 40 Fotoausstellungen zeigt der Ort im Jahr,

Hin & weg: Ab Barth mit Bus 210 bis Zingst-Mitte (Haltestelle direkt vor dem Max Hünten Haus).

Beste Zeit: Ganzjährig – schöne Motive kommen einem immer vor die Linse.

Dauer & Strecke: 4–6 Std., ca. 9 km.

Ausrüstung: Eigene Kamera oder Leihkamera (gibt es unter anderem im Max Hünten Haus), Faltblatt zum Fotokunstpfad. Alle Informationen zum Thema Fotografie in Zingst: www.zingst.de/fotografie

Wenn es Nacht wird: Das familiengeführte Wellnesshotel Meerlust (www.hotelmeerlust.de) liegt direkt am Strand.

Überall Motive: eine Sonnenbrille für Riesen, ein Fischerboot in der Morgensonne, ein Bilderrahmen in XXXXXL.

viele open air – dann stehen Fotos in XXL dekorativ im öffentlichen Raum. Und das ganze Jahr über sind Workshops zu buchen: für alle. Von Amateur bis Profi. Als Kernzelle des Ganzen fungiert das 2011 eröffnete Max Hünten Haus. Hier können Freunde der Fotografie nicht nur Kameras, Stative und weiteres Zubehör ausleihen, Workshops buchen und Ausstellungen angucken, sondern sogar ihre eigenen Fotos ausdrucken. Wer mit dem Bus nach Zingst-Mitte fährt (Züge fahren nicht auf die Halbinsel), hält direkt davor.

Vor dem modernen Bau steht ein weiteres Werk des Fotokunstpfads: das »Taumascopio« des Architekten und Künstlers Mattia Paco Rizzi. Es ist eine Art begehbares Kaleidoskop, in dem man sich inmitten zahlreicher Spiegel ein Bild seiner multiplen Persönlichkeit machen kann. Zingst selbst hingegen scheint seine Identität dank der Fotografie gefunden zu haben – und ist ganz bei sich.

FAZIT: KEINE FRAGE – FÜR FREUNDE DER FOTOGRAFIE IST ZINGST DAS IDEALE OSTSEEBAD. AMATEURE SIND GENAUSO WILLKOMMEN WIE PROFIS.

ICH WILL WIND

... am Kap Arkona auf Rügen

#14

Die Sorgen des Alltags einfach vom Wind wegtragen lassen – wo geht das besser als im nördlichsten Teil von Rügen? Nicht ohne Grund nennt man die Halbinsel Wittow auch »Windland«.

Das Gesicht im Wind, die Füße im Sand, so steht man da und fühlt sich plötzlich ganz klein. Wie ein Kind, dem die Mama alle Weh-wehchen auf einmal wegpustet. Tatsächlich wirkt es wahre Wunder, was Mutter Natur da macht: Vergessen sind alle Sorgen des All-tags, der Stress im Job, der Ärger zu Hause – wie weggeblasen. Für einen kurzen Moment wähnt man sich liebevoll umsorgt. Bis man weitergehen will und der Gegenwind ordent-lich Kontra gibt. Die Mühen des Vorankom-mens – sie fühlen sich dann doch wieder sehr erwachsen an. Aber es gibt Hoffnung. Und die heißt Rückenwind.

Nach gut 1,3 Kilometern Windwandern am Strand geht es über ein paar steile Treppen auf den Hochuferweg und zurück zum Kap.

Zwischen Büschen und Bäumen wird der Wind milder und schubst jetzt freundlich von hinten. Ganz vorn sieht man auch schon den ersten der drei Türme, für die Kap Arkona berühmt ist: das Leuchtfeuer Kap Arkona,

---

Hin & weg: Ab Bergen oder Sassnitz mit Bus 12 oder 13 bis Altenkirchen und dort in Bus 11 umsteigen; dieser hält in Putgarten in der Nähe des Rügenhofes; dort die Wanderung starten.

Beste Zeit: Der Wind bläst hier nahezu immer – mal mehr, mal weniger kühl.

Dauer & Strecke: 4–5 Std., ca. 10 km.

Ausrüstung: Festes Schuhwerk, Windjacke.

Wenn es Nacht wird: Auf dem Rügenhof kann man Ferienwohnungen mieten (www.kap-arkona.de/uebernachtungen.html).

Blick über das Feld auf das Türmetrio (oben links), Schinkelturm und Leuchtfeuer als glückliches Pärchen (rechts).

auch »neuer Leuchtturm« genannt, weil er als letzter des Trios im Jahr 1905 gebaut wurde. 35 Meter misst der runde Backsteinturm mit dem achteckigen Granitsockel, 75 Meter über dem Meeresspiegel schickt er alle 17,1 Sekunden drei Blitze in den Himmel.

Direkt daneben steht der quadratische Schinkelturm, nach dem Leuchtturm in Travemünde der zweitälteste an der deutschen Ostseeküste und seit der Eröffnung seines jüngeren Nachbarn außer Betrieb. Dass man ihn nicht abriss, liegt an der Prominenz seines Erbauers Karl Friedrich Schinkel. Und so stehen die beiden Türme dicht nebeneinander wie ein ungleiches, aber glückliches Pärchen.

Nur ein paar Schritte weiter schaut der Peilturm mit seiner imposanten Glaskuppel auf das Meer. 1927 wurde er gebaut und diente zunächst als Seefunkfeuer. Heute kann man den 23 Meter hohen Turm über 111 Stufen erklimmen und hat von oben einen schönen Blick. Auf die weite Ostsee. Auf die Reste der Jaromarsburg zu Füßen des Turmes. Und auf das alte Fischerdörfchen Vitt: das nächste Ziel der Wanderung.

Kaum einer, der sich die hübschen Reetdachhäuser und den Ausblick auf das Kap am

Strand entgehen lässt: In Vitt findet man auch Schutz vor dem Wind, drückt sich das Dörfchen doch in eine kleine Schlucht. Zusätzlich schützt eine Steinmole den Hafen vor der steifen Brise.

Zurück geht es vorbei an der achteckigen kleinen Kapelle am Ortsausgang und weiter in Richtung Putgarten. Zwischen den Feldern kommt der Wind noch einmal ordentlich von vorn, während rechter Hand malerisch die Silhouette der drei Türme auftaucht.

Auf dem Rügenhof wird eingekehrt (www.kaparkona.de/ruegenhof.html). In den ehemaligen Gutshof mit seinen Pferdeställen sind verschiedene Cafés, Geschäfte und Werkstätten eingezogen. Im Gutshaus verkauft Sanddornbauer Ernst Heinemann seine selbst erzeugten Produkte und serviert rustikale Küche. Ein Sanddornpunsch ist jetzt genau das Richtige zum Aufwärmen.

FAZIT: MANCH EINER REIST AN DIE SEE, UM SICH MAL ORDENTLICH DURCHPUSTEN ZU LASSEN. IM NORDEN VON RÜGEN GEHT DAS BESONDERS GUT.

VOLLE KRAFT VORAUS!

 ... über die Kleinseenplatte

Kapitän auf Zeit, wie verheißungsvoll das klingt. Auf den Mecklenburgischen Seen ist das auch ohne Bootsführerschein möglich. Doch das eigentliche Erlebnis auf dieser Tour ist die Erfahrung, immer auf dem Wasser zu sein – am Tag und in der Nacht.

In manchen Seen ist das Wasser
so klar, dass man Nixen auch ohne
Schnorchelbrille sichten kann.

Die theoretische Einweisung in die Handha-
bung eines Hausbootes ist fordernd, aber
schaffbar. Doch dann, tatsächlich am Steuer
stehend, mit der Verantwortung, das riesige
Stahlboot sicher und ohne Schrammen aus
dem Hafen zu manövrieren, werden die Knie
weich und der Magen flau. Wer das schafft,
hat die schwierigste Aufgabe dieser Reise
schon gelöst. Dann empfangen einen die
Weite, der Wind und die Wellen der Müritz.
Fast fühlt man sich wie auf dem Meer. Genug
Zeit, die Manövriertechniken, das hydrauli-
sche Bugstrahlruder, die Joystick-Steuerung
und die Reaktionszeit des Bootes auszutes-

»Seeadler in Sicht!« Für kleine Kapitäne ist ein Hausboot das Paradies. Egal, wohin man schippert, die Ferienwohnung hat man auf dem Wasser immer dabei.

ten. Der Kormoran 1280 hat die perfekte Größe für zwei Familien. Wer einmal klug durchdacht gepackt und alles am rechten Ort verstaut hat, braucht nicht von Bord zu gehen. Komfort und Reduktion inmitten schönster Natur. Das wirkt schnell sehr erholsam.

Eine stille Bucht in der kleinen Müritz ist der perfekte Ort für die erste Nacht. Der Ankerplatz braucht mindestens einen Meter Wasser unterm Kiel. Alle blicken gespannt auf das Echolot, und da kommt auch schon das Kommando des Käpt'ns, den Anker zu setzen. Die Kinder haben die Badehosen an, sie springen vom Dach ins erfrischende Nass. Danach treffen sich alle auf Deck, heute wird Fisch gegrillt. Wer es schafft, spät am Abend oder früh am Morgen allein an Deck zu sein, wird einen besonderen Moment erleben. Denn der Anblick des ruhigen Wassers im Mondschein oder die aufgehende Sonne im Morgennebel aus dieser ungewohnten Perspektive inmitten des Sees ist einfach zauberhaft und absolutes Kontrastprogramm zu jedweder Urbanität.

An nächsten Morgen in der Schleuse. Das Team von Kuhnle hat alle gewarnt: Hier gehen Ehen zu Bruch, streiten sich beste Freunde. Denn die Schleusen sind für die dicken Hausboote und deren Trägheit tatsächlich eng und kurz, die zarten Paddelboote zwischendrin will man auch nicht einquetschen. Die Mission glückt. Dann schippert das Boot vorbei an bunten, schilfgedeckten Bootshäusern und an der Schlossinsel von Mirow mit der Liebesinsel als vorgelagertem Eiland. Wer deren Geheimnis ergründen, etwas über die Ge-

Petri Heil: In Mecklenburg kann man einen temporären Angelschein relativ günstig erwerben. Ohne ihn sollte man lieber keine Rute ins Wasser halten.

schichte des Schlosses erfahren oder einfach nur ein leckeres Stück Kuchen im Schlosscafé verzehren will, kann hier anlanden.

Der Nachmittag gehört dem Zotzen- und dem Vilzsee. Die Kinder springen vom Boot, um an der schönen sandigen Badestelle an Land zu gehen – verdrehte Welt. Irgendwie ist das Anhalten mit dem Hausboot am allerschönsten. Deshalb beäugt der Käpt'n auch schon wieder die Karte auf der Suche nach einem Platz für die Nacht. Er wird der Wendepunkt sein, denn am nächsten Tag geht es zurück zum Hafen.

Hin & weg: Anreise nach Rechlin mit dem eigenen Auto. Einen Parkplatz gibt es an der Marinastraße.

Beste Zeit: Jede Jahreszeit hat ihren Reiz, aber der heiße Badesommer ist am allerbesten.

Dauer & Strecke: Mindestens ein Wochenende, lieber ein verlängertes, 50 km mit dem Hausboot.

Ausrüstung: Genug zu essen und zu trinken für ein Wochenende, Badesachen, Sonnencreme, Lesestoff.

Wenn es Nacht wird: Boote und alles, was man sonst noch braucht, gibt es hier: www.kuhnle-tours.de

> **FAZIT: KAPITÄN SEIN IST LEICHTER ALS GEDACHT! HIER GIBT ES MAXIMALE ENTSPANNUNG UND REDUZIERTEN KOMFORT IN GRANDIOSER NATUR.**

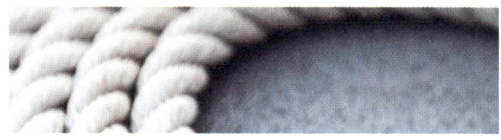

HIER STEPPT DER BÄR

 ... in Stuer am Plauer See

 Am Südzipfel des Plauer Sees genoss man einst die gute Luft in Bad Stuer. Heute erholen sich ganz in der Nähe früher nicht artgerecht gehaltene Bären von ihrem Vorleben. Nach einem Besuch bei ihnen wandert man zur alten Burgruine bei Stuer Vorwerk.

#WassertrifftLuft #einstigesHeilbad #Bärenresort #Burgruine

Schon im 19. Jahrhundert genossen
Badegäste die gute Luft und das
gesunde Quellwasser bei Bad Stuer.

Das, was Bad Stuer so besonders macht, ist seine einzigartige Lage. Am Plauer See, von alten Bäumen geschützt, liegt der Ort recht privilegiert. Außerdem sprudelten hier Quellen, was Bad Stuer einen mondänen Heilbadbetrieb bescherte. Den gibt es seit Ausbruch des Ersten Weltkrieges nicht mehr, aber Luft und Wasserqualität haben sich nicht verändert. Vom ehemaligen Kurbetrieb zeugen heute immerhin noch ein paar vereinzelt stehende Villen. Und so kann man wie damals durch die eigens angelegten Buchen- und Ei-chenalleen spazieren und bei der schönen Badestelle im klaren Plauer See baden.

Gegenüber vom Hotel Stuersche Hintermühle führt ein schmaler Waldweg zum Tal der Eisvögel. Hier gibt es alles, was der berühmte Schönling in Blau zum Leben und Brüten braucht. Ein Bächlein mit Fischen und eine Lehmwand in der Sonne, in der er, gut geschützt vor Feinden, seinen Nachwuchs aufziehen kann. Aber der Vogel ist scheu, daher bekommt man ihn nur selten zu Gesicht. Der

Das schillernde Aussehen des Eisvogels dient seiner Tarnung: Die orangefarbene Unterseite lässt ihn auf einem Baum sitzend kaum auffallen, während die türkisfarbende Oberseite mit der Farbe des Wassers verschmilzt.

schmale Weg entlang des leise plätschernden Bachlaufs lohnt wegen seiner Abgeschiedenheit und Ruhe trotzdem.

Er führt zum Hintereingang des Bärenwaldes Müritz, wo man bei Mützes Fischimbiss ein Ticket für Westeuropas größtes Bärenschutzzentrum kaufen kann. Hier finden auf 16 Hektar Gelände vernachlässigte und nicht artgerecht gehaltene Bären ein zweites Zuhause. Sie wurden von der Tierschutzorganisation »Vier Pfoten« aus Zoos, Zirkussen und Privathäusern befreit. Die in Gefangenschaft aufgewachsenen Bären können nicht wieder ausgewildert werden, zu sehr sind ihre natürlichen Instinkte gestört. Einige von ihnen haben nie zuvor Natur gesehen und erlebt. Im Bärenwald hat jeder Bär zirka fünf Quadratkilometer Fläche für sich. Das ist fast nichts im Vergleich zu den Weiten Alaskas, wo das Revier eines Bären bis zu 700 Quadratkilometer groß sein kann. Die Lebensqualität der Bären aber

Viele Bären, die in Bad Stuer eine zweite Heimat finden, hatten in ihrem Vorleben keinerlei Kontakt zur Natur: Weder haben sie zuvor je einen Waldboden berührt, noch sind sie selbst auf die Jagd gegangen.

ändert sich enorm, Schritt für Schritt reaktivieren sie mithilfe der Pfleger ihre Urinstinkte. Gleichzeitig haben sie genug Raum, sich vor den Besuchern des Parks zu verstecken. Dennoch kommt man den braunen Riesen hier so nah wie nirgendwo sonst.

Hin & weg: Anreise am besten mit dem Auto. In der Hauptsaison (Mai bis Ende August) fährt der Rundbus von Plau am See.

Beste Zeit: Ganzjährig möglich.

Dauer & Strecke: 5–7 Std., 13 km zu Fuß.

Ausrüstung: Fernglas für die Beobachtung von Eisvögeln und Bären.

Wenn es Nacht wird: Naturcampingplatz Zwei Seen, einer der schönsten Zeltplätze der gesamten Seenplatte mit komfortablen Schlaffässern und Glamping (www.zweiseen.de).

Der Weg führt weiter über den Hauptort Stuer, am Wegesrand liegt das ehemalige und liebevoll restaurierte Gutshaus mit den Gutsarbeiterkaten. Vorbei am Vogelschutzgebiet Stuersches Flachseebecken führt der Weg über den Ortsteil Vorwerk auf einer Eschenallee entlang direkt zur Burgruine. Die Burg, ehemals Stammsitz der Familie von Flotow, wurde in der Mitte des 14. Jahrhunderts erbaut und 1660 durch einen Brand zerstört. Zurück führt der Weg über Stuer und dann in einem weiten Bogen an Waldrand und Feldern entlang zum Parkplatz am Bärenwald.

FAZIT: BÄRENSTARKE WANDERUNG MIT BAD, BURGRUINE UND EISVOGELDOMIZIL.

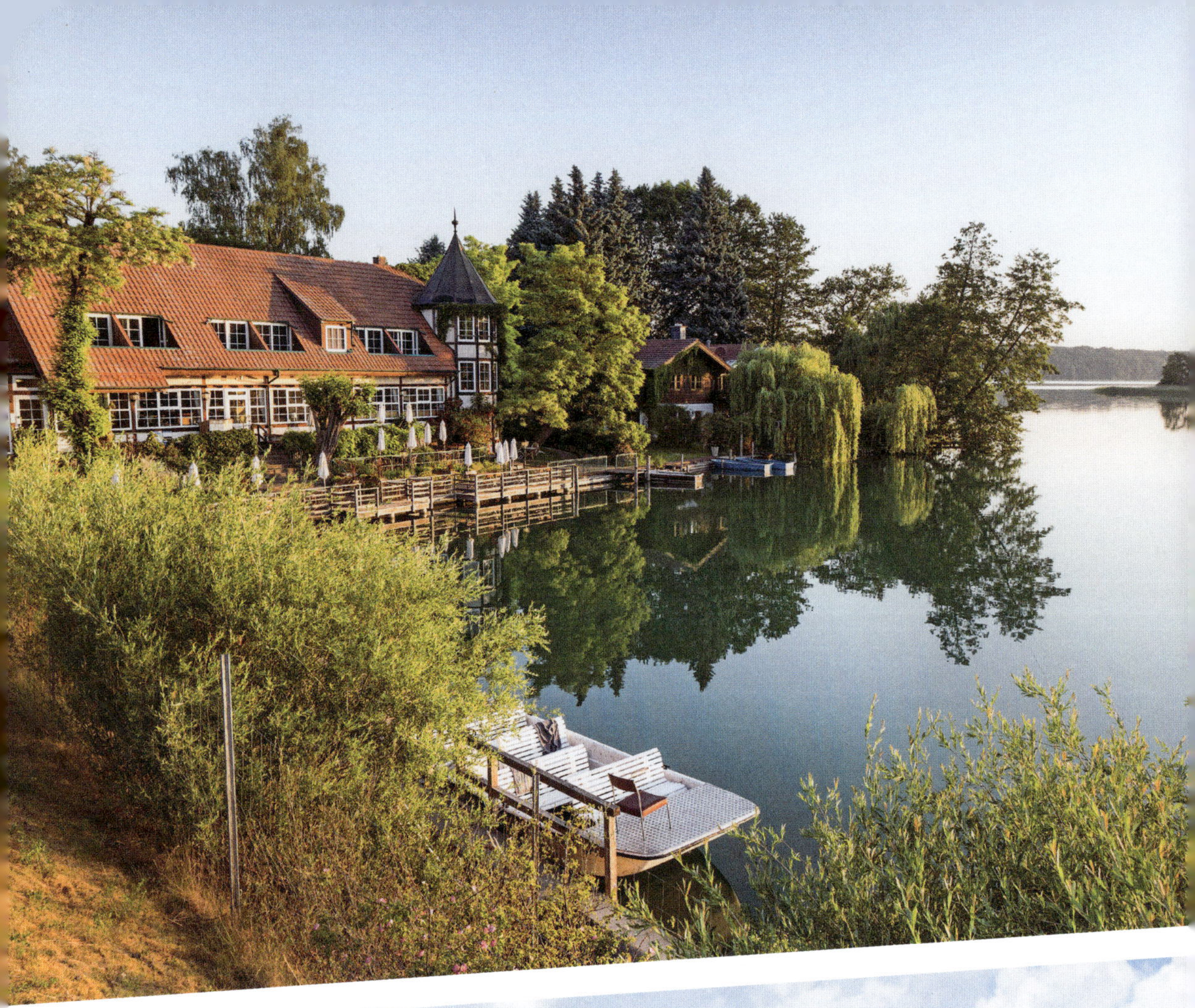

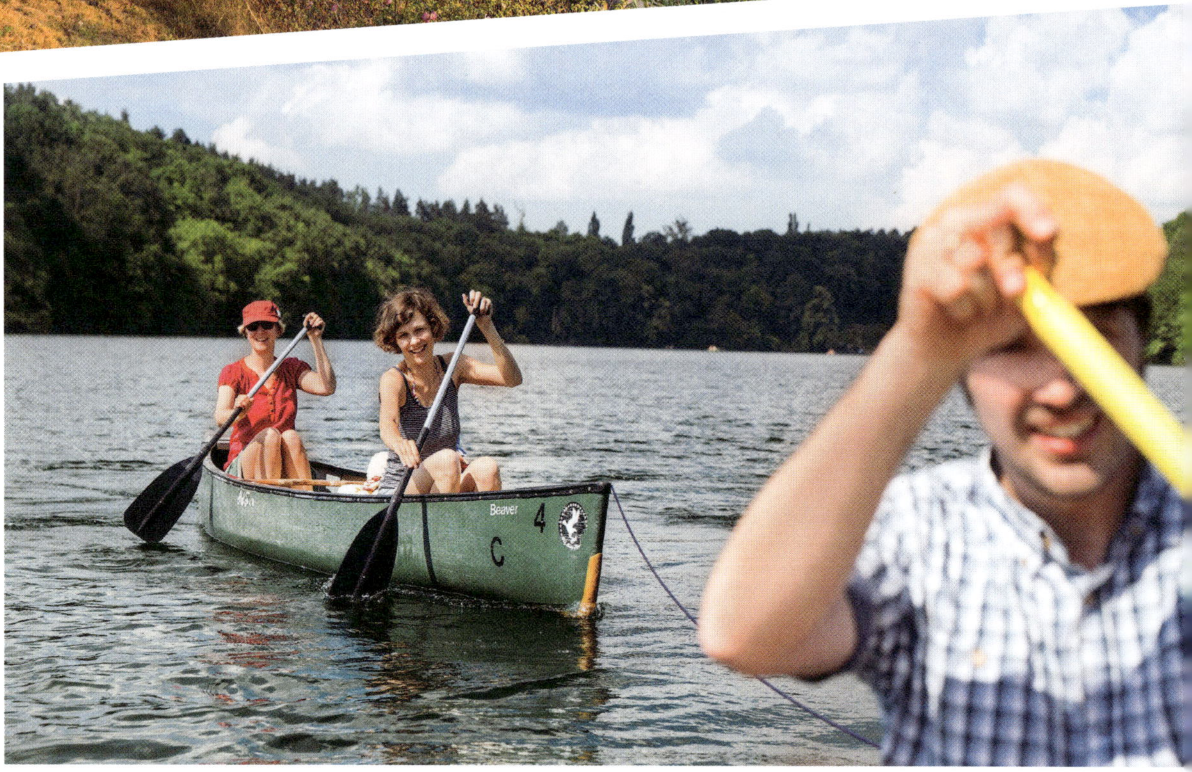
Beaver
C
4

WALD TRIFFT WASSER

... durch die Feldberger Eiszeitlandschaft

#17

Glasklare Seen mit türkisfarbenem Wasser – das Feldberger Seenland ist ein Paradies für Wasserwanderer. Im Kanu geht es vom Kurort Feldberg nach Carwitz mitten durch eine der jüngsten und schönsten Endmoränenlandschaften Europas.

Nur das leise Plitsch-Platsch der Paddel ist zu hören. Hier stören keine Motorboote das Vergnügen, aus eigener Muskelkraft auf dem Wasser unterwegs zu sein.

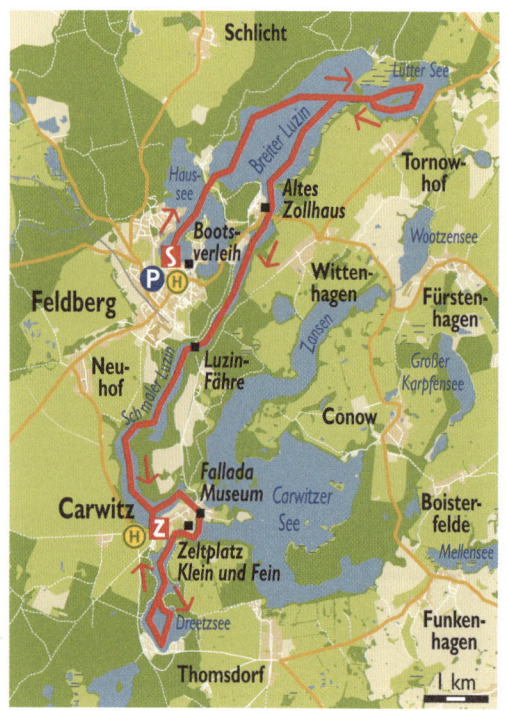

In der Feldberger Seenlandschaft endeten die Gletscher der Eiszeit, ihre Zungen haben sich tief ins Land eingeschnitten. Noch immer hat das Wasser der Seen etwas von der Frische und Klarheit des Eises. Die Gewässer erinnern an Hochgebirgsseen. Auch das Geröll, das im Uferbereich herumliegt und von dem die Bauern behaupten, es wachse auf ihren Äckern nach, erinnert in der Tat an eine Gebirgslandschaft.

Mit dem in Feldberg geliehenen Boot geht es nun hinaus auf das Wasser. Wenn man erst einmal im Boot sitzt und sich bequem ausstreckt – was sind das für wunderbar gemischte Gefühle von Enge und Freizügigkeit, von Beschränkung und Unabhängigkeit! Es dauert eine Weile, bis man sich an den neuen Zustand gewöhnt.

Da, wo der Fährmann mit der Seilfähre Wanderer und Radler über das Wasser holt, gibt es leckeren Kaffee und Kuchen.

Die Tour führt über den Haussee mit der Liebesinsel zum Breiten Luzin. Die kristallklare Perle ist mit 58,5 Metern der zweittiefste See des Bundeslandes und die Heimat der in Deutschland selten gewordenen Großen Flussmuschel. Himmlische Stille. Kein Motorengeräusch. Nur leises Blätterrauschen, surrende Libellen und quakende Frösche. Nach Luft schnappende Fische hinterlassen kreisförmige Wellen auf dem glatten Wasser.

Nach einem Abstecher über den Lütter See geht es in den Schmalen Luzin. Der eiszeitliche Rinnensee, der den Breiten Luzin mit dem Carwitzer See verbindet, ähnelt eher einem Fluss. Uralter Buchenwald spiegelt sich im türkis schimmernden Wasser. Hier finden sich herrliche Badestellen, an der Luzinfähre kann man wunderbar rasten.

Dann geht's weiter nach Carwitz. Diesen wunderbaren Ort hat sich Hans Fallada zur Heimat erwählt, das Dorf und die Gegend liebevoll in

seinen Texten beschrieben. Sein ehemaliges Wohnhaus ist heute ein Museum. Empfohlen sei hier auch eine Wandertour auf seinen Spuren. Die Umtragestation am Bach Bäk ist eine gute Gelegenheit für einen Landgang.

Wer noch Kraft in den Armen hat, kann ein Stück in den Carwitzer See oder in den Dreetzsee hineinpaddeln. Am Zeltplatz Klein und Fein holt der Bootsverleiher diejenigen wieder ab, bei denen es spät oder denen die Arme etwas lang geworden sind. Alle anderen paddeln die acht Kilometer zurück zum Bootsverleih.

Hin & weg: Anreise nach Feldberg mit dem Bus 619 von Neustrelitz oder mit dem Auto zum Parkplatz Strelitzer Straße.

Beste Zeit: Bei gutem Wetter kann man schon im März das erste Mal ein Boot leihen und bis weit in den Herbst hinein. Einfach nachfragen: www. boots-berg.de

Dauer & Strecke: Ein ganzer Tag, 24 km im Paddelboot.

Ausrüstung: Badesachen, Sonnenhut, Sonnencreme, Trinkwasser, Proviant.

Wenn es Nacht wird: Ein schöner Zeltplatz befindet sich direkt in Carwitz (campingplatz-carwitz.de).

FAZIT: VOLLE PUNKTZAHL FÜR DIE LANDSCHAFT UND DAS PADDELN SOWIESO.

DAS STEINREICHE LAND

 ... durch das Sternberger Seenland ⋜

#18

Auf dieser Tour gibt es alte Steine zu bewundern und Historie zu erspüren. Sie führt vorbei am altslawischen Tempelort Groß Raden, über das Warnow-Durchbruchstal bis zum Boitiner Steintanz, der Geologen und Historiker rätseln lässt.

Der Ursprung des Boitiner Steintanzes ist ein Rätsel, welches wohl niemals komplett gelöst werden kann.

Im mittelalterlichen Sternberger Altstadtkern mit seinem holprigen Kopfsteinpflaster beginnt diese Radtour und führt gleich an einen geschichtsträchtigen Ort. Am Südportal der Heiligen Blutskapelle der Stadtkirche ist an der Außenwand ein Stein in die Mauer eingelassen, der zwei Fußabdrücke zeigt. Sie erinnern daran, dass 1492 einigen Juden aus der Stadt vorgeworfen wurde, geweihte Hostien mit Messern zerstochen zu haben, woraufhin aus diesen Blut tropfte. Die erbosten Katholiken töteten 27 Juden in Sternberg und vertrieben alle anderen aus Mecklenburg. Das

Mahnmal »Stigma« des Künstlers Wieland Schmiedel erinnert in der Kapelle eindrucksvoll an das dunkle Kapitel.

Wieder ans Licht gelangt man über den Turm der Kirche. Von hier oben hat man einen beeindruckenden Blick auf das schöne Sternberger Seenland. Direkt unten am See sieht man die vielen reetgedeckten Dächer der Bootshäuser, und mittendrin verkauft Fischer Rettig seinen Fang. Von dort aus führt uns die Radtour aus Sternberg schließlich hinaus nach Groß Raden.

Vor 1000 Jahren war Groß Raden ein Tempelort der Slawen. Heute erlaubt das Freilichtmuseum einen Blick zurück in die Vergangenheit.

stand ein rekonstruiertes Slawendorf als Freilichtmuseum, in dem man den Alltag der slawischen Einwanderer nacherleben kann.

Durch die schöne hügelige Landschaft führt der Radweg über eine alte Lindenallee nach Buchenhof. Kurz hinter dem Ort zweigt ein Wanderweg ins Warnow-Durchbruchstal ab. Das darf man sich nicht entgehen lassen. Also Räder anschließen und sich für eine Stunde in eine kühle, schattige Flusslandschaft entführen lassen, bei der man aus sicherer Entfernung und von einer Brücke aus das Treiben der Paddelboote an der wildesten Stelle der Warnow beobachten kann.

Der Wanderrundweg führt zurück zu den Rädern. Zwischen Güstrow und Sternberg, in der Nähe von Boitin, erstreckt sich einer der größten zusammenhängenden Buchenwälder Mecklenburgs. Zwischen uralten Bäumen, plätschernden Bächen und versteckten Tei-

Auf der flachen Landzunge im Groß Radener See legten in den 1970er-Jahren Archäologen einen slawischen Siedlungskomplex frei, den der Stamm der Warnower um 850 erbaut hatte. Am Rand der Ausgrabungsstätte ent-

Malerisch liegen die Bootshäuser am Sternberger See. Wer etwas über die Judenverfolgung von 1492 erfahren möchte, sollte die Heilige Blutskapelle aufsuchen.

chen führt der Weg zu einem der geheimnisvollsten Monumente der Vorzeit: dem Steintanz von Boitin. Forscher interpretieren ihn als möglichen Kultplatz, als Kalender mit astronomischem Bezug oder als Begräbnisstätte. Man steht davor und staunt.

Über Dreetz und Peetsch führt der Weg nach Rühn mit einem ehemaligen Benediktinerinnenkloster. Kurz vor dem Ort kreuzen wir noch einmal die Warnow, die hier ganz gemächlich und friedlich vor sich hinplätschert. Wenig später endet die Tour in Bützow. Und nun? Direkt bei der Unterkunft gibt es einen Angelteich, außerdem ist das Freibad am Großen Rühner See nur 100 Meter entfernt. Man kann aber auch im Sülzpfuhl baden und auf der Warnow paddeln.

> **FAZIT: ABWECHSLUNGSREICHE ZEITREISE ZU FUß UND AUF DEM RAD MIT HISTORISCHEN EINBLICKEN UND RÄTSELN.**

Hin & weg: Parken ist überall im Ort möglich. Ab Schwerin fährt der Bus 170 bis Sternberg (Haltestelle Gymnasium), Fahrradmitnahme ist generell möglich, die Anzahl aber begrenzt.

Beste Zeit: Ganzjährig möglich, Groß Raden und der Boitiner Steintanz sind auch im Winter reizvoll.

Dauer & Strecke: Einen ganzen Tag, 40 km mit dem Rad und 4 km zu Fuß.

Ausrüstung: Fahrrad, Proviant.

Wenn es Nacht wird: Am besten mal Airbnb checken (www.airbnb.de), in Rühn gibt es nämlich ein schönes Ferienhaus direkt am Ufer.

RUHE IM PARADIES

... im Barnimer Land

#19

Oh, wie schön ist es, einfach mal im Nichts zu sein. Hier funkelt der Parsteiner See im Sonnenlicht, und es ist so ruhig, dass man fast das Schilf rascheln hört. So eine Auszeit als Insulaner sollte am liebsten niemals enden.

bensmittel mit einem richtig grünen Daumen herstellt. Kein Strom, kaum Netz und alles außer Stress gehören auf der Pehlitzwerder zu den All-inclusive-Leistungen. Ein Bändchen für das Handgelenk gibt es zwar nicht, dafür aber die volle Portion Abschalten und Ankommen – und das ist ja ohnehin viel mehr wert.

Die Pehlitzwerder ist ein Stück Barnimer Land für sich. Vor etlichen Jahren haben hier ein paar Bischöfe begonnen, ein Kloster zu bauen. Heute sind von dem Zisterzienserkloster Mariensee nicht mehr als ein paar Mauerreste übrig geblieben. Warum die Mönche aufgehört haben zu bauen, das weiß keiner so genau – vermutlich wegen des morschen Sumpfbodens der Insel, der bis heute eine vielfältige Flora und Fauna zum Blühen und Krähen vereint. Abseits der kleinen Historie hat die Halbinsel aber vor allem eines im Gepäck: den wohl klarsten und saubersten See in Brandenburg und das direkt vor der Haus-, ähm, Zelttür.

Das gesamte Ufer des Parsteiner Sees ist komplett naturbelassen und mit Schonzonen ausgestattet, die der Naturoase eben auch mal eine Auszeit gestatten. Gut so, denn sonst wäre der See nicht ein solches Paradies. Ausgewiesene Badestellen laden die Besucher der Halbinsel zum Planschen ein, und auch Angeln klappt hier ziemlich gut. Wer will, kann den Fisch dann direkt am Abend über dem Grill auf dem Campingplatz verputzen. Klingt doch nach einem lohnenswerten Abenteuer im Grünen, oder?

Wenn das Wasser hoch genug steht, dann ist man hier ein Insulaner. Wenn nicht, dann formt sich die Pehlitzwerder zu einer Halbinsel und zu einem Kleinod, auf dem Baum und Vogel sich guten Morgen und gute Nacht sagen. Und mittendrin? Gibt es jede Menge glückliche Camper, die ihre Zeit auf dem unberührten Fleckchen Natur genießen.

Von der Pehlitzwerder ist es übrigens nur einen Katzensprung zum Kleinen Rummelsberger, der mit seinen 81 Meter Höhe einen schier endlosen Blick über das Biosphärenreservat Schorfheide-Chorin mit all seinen Seen, Feldern und Wäldern bietet. Köstlichen Proviant für die Wanderung auf den Berg gibt's im Ökodorf Brodowin, das schon seit 25 Jahren Milch, Käse und sämtliche anderen Le-

Schnabel halten und genießen: Menschliche Besucher sind nicht die Einzigen, bei denen die schöne Seenlandschaft gut ankommt.

Hin & weg: Vom Bahnhof Chorin kommt man am besten mit dem Fahrrad zur Pehlitzwerder. Wer zu viel Gepäck hat, der kann mit dem Zug bis Eberswalde fahren und von dort von Montag bis Freitag den Bus 912 zur Pehlitzwerder nehmen.

Dauer: Für die richtige Auszeit lohnt es sich, über Nacht zu bleiben, denn nichts ist schöner als ein Sonnenuntergang am Parsteiner See.

Beste Zeit: Frühjahr und Sommer sind wunderbar, um die Natur, die die Halbinsel umgibt, zu erleben.

Ausrüstung: Ein Zelt und alles, was man für die Nacht und Freizeitgestaltung im Grünen braucht. Und bloß nicht die Badesachen vergessen, denn das Wasser hier ist wirklich kristallklar.

Wenn es Nacht wird: Der Naturcampingplatz Parsteiner See bietet nicht nur Stellplätze für Wohnwagen, sondern auch Zeltstandorte und kleine Bungalows, die bestenfalls im Voraus online gebucht werden (parsteiner-see-camping.de).

FAZIT: CAMPEN AM SEE IST GENUSS PUR.

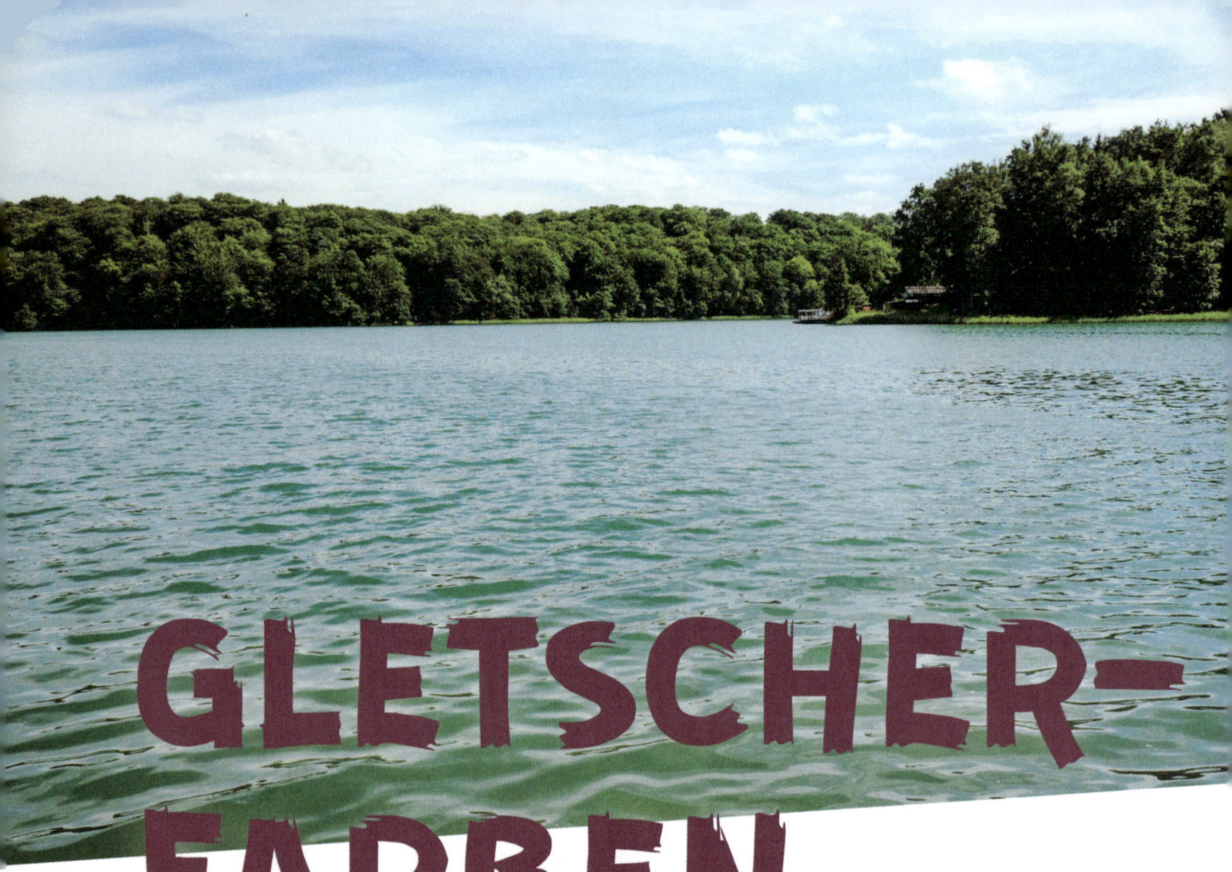

GLETSCHER-FARBEN

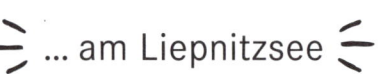

... am Liepnitzsee

#20

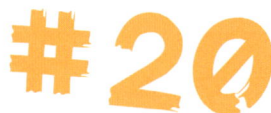

Sobald die ersten Sonnenstrahlen Berlin anwärmen, scheinen sich sämtliche Berliner an Badeseen zu tummeln. Wer auf eine freie Badestelle hofft, fährt ein bisschen weiter ins Umland. Perfekt dafür: Der Liepnitzsee, der als schönster See Brandenburgs gehandelt wird.

#Traumsee #Zelten #Hängematte #Sommerfrische

An der Anlegestelle wartet man auf die Fähre Frieda, um zur Insel Große Werder überzusetzen. Manchmal hilft winken.

Der Liepnitzsee mag kein Geheimtipp mehr sein, aber ohne direkten Bahnanschluss ist er immer noch etwas leerer als viele andere. Beide Uferseiten sind bewachsen, die Sandstellen sind in der Regel gut besucht, hier am Liepnitzsee findet man aber zwischen den Bäumen am Ufer noch genügend Stellen, von denen man ganz allein in das glasklare und an manchen Tagen erstaunlich türkisgrüne Wasser springen kann.

Wer mit der Regionalbahn zum Bahnhof Wandlitzsee fährt und von dort die restlichen drei Kilometer mit dem Fahrrad auf dem Lanker Weg bis zum See zurücklegt, sollte Zeit mitbringen. Auf der eingleisigen Strecke, die sich am S-Bahnhof Karow auch das Gleis mit der S-Bahn teilt, muss die Bahn schon mal den Gegenverkehr abwarten. Zeit lässt sich sparen, indem man vom S-Bahnhof Bernau die gut zwölf Kilometer mit dem Fahrrad überbrückt. Der Rad-

Das Ufer des Sees ist eng mit Bäumen bewachsen, so finden sich viele kleine romantische und blick-dichte Buchten.

in den Wald Richtung See. Von Süden kommend erreicht man eine beliebte Badestelle am südwestlichen Ufer. Von hier aus gelangt man gen Osten zu mehreren Badebuchten, gegenüber sieht man bereits das Strandbad und hat außerdem einen guten Blick auf die Insel Große Werder mitten im See. Dort befindet sich ein kleines Gartenlokal mit Snacks.

Zur Insel kann man entweder per Boot paddeln, der Bootsverleih befindet sich hinter dem Strandbad an der Nordseite, oder mit der schnuckeligen Fähre Frieda von Ützdorf übersetzen. Die Anlegestelle ist am östlichen Nordufer, die Fähre fährt stündlich oder bei Bedarf, wenn genügend Leute winken (www. liepnitzinsel.de).

weg ist nicht besonders abwechslungsreich, aber gut ausgebaut und führt die Oranienburger Straße und Wandlitzer Chaussee immer geradeaus gen Norden und biegt automatisch

Die komplette Seerunde kann auf einer schönen acht Kilometer langen Strecke erwandert werden. Das ist besonders im Nordteil lohnend, denn hier befindet sich ein kurzer Höhenweg, von dem man herrliche Ausblicke

Das türkisfarbene Wasser macht Lust auf eine Runde Schwimmen oder eine kleine Bootstour.

auf den See und die beeindruckende Farbe hat. Ein paar Tische laden zwischen den Buchen zum Picknicken ein. Die abschüssige Böschung zum Wasser ist zum Schutz der Flora gesperrt. Nach etwa zwei Kilometern führt der Weg wieder hinunter zum Wasser, eine schöne Strandbadestelle lädt zum Verweilen, direkt dahinter ist die Anlegestelle der Frieda.

Tipp: Wer noch etwas bleiben mag, findet nur wenige Minuten nordöstlich der Fähranlegestelle den Campingplatz Am Liepnitzsee. Der Zeltplatz auf der Insel ist Vereinsmitgliedern vorbehalten. Oder man macht es sich einfach in einer Hängematte gemütlich, Bäume gibt es dafür jedenfalls genug.

Hin & weg: Von Berlin aus mit der S-Bahn bis nach Karow, von hier mit dem RB27 bis zum Bahnhof Wandlitzsee, insgesamt etwa 1 Std. Wer nicht auf den RB angewiesen sein will, fährt mit der S-Bahn nach Bernau und von dort die 12 km mit dem Fahrrad. Die richtige Radroute ist nicht zu verfehlen.

Beste Zeit: Sommer.

Dauer: 1 bis 2 Tage.

Ausrüstung: Toilettenpapier, an den Badestellen gibt es einige mobile Toiletten. Proviant und genügend Wasser. Mückenschutz nicht vergessen!

Wenn es Nacht wird: Campingplatz Am Liepnitzsee (www.mecklenburg-tourist.de/liepnitzsee).

FAZIT: TOLLSTES SEEWASSER BERLINS. LOHNT SICH AUCH FÜR EINEN TAG, LÄNGER BLEIBEN IST ABER NOCH SCHÖNER.

2. KAPITEL

IM HERZEN

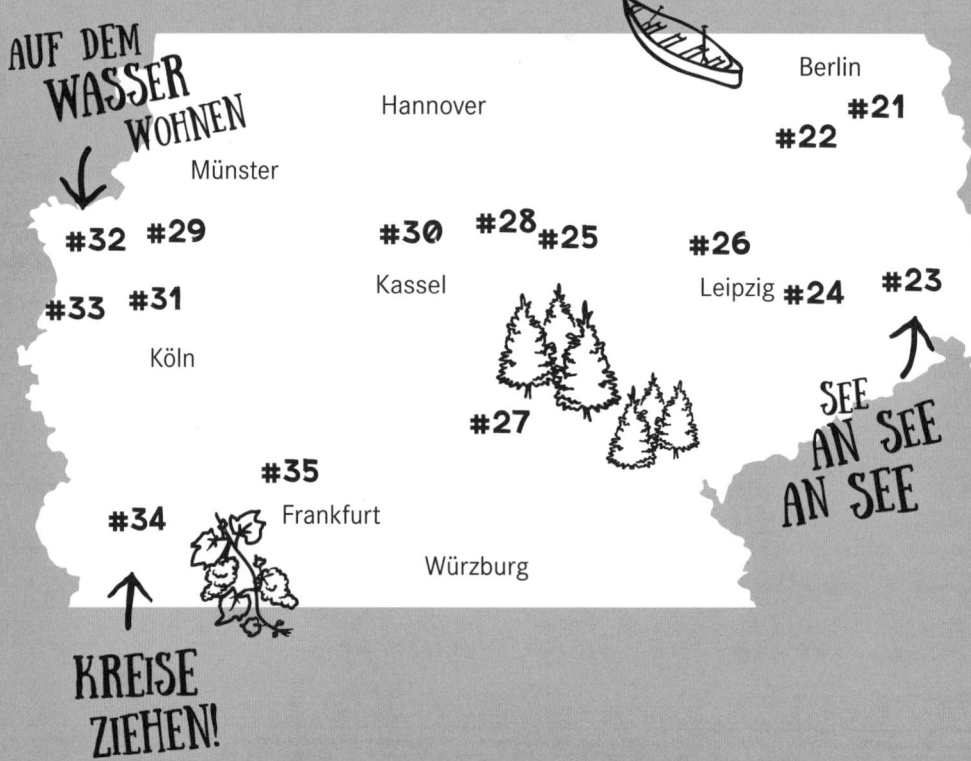

AUF DEM
WASSER
WOHNEN

Hannover

Berlin

#21

#22

Münster

#32 **#29**

#30 **#28** **#25**

#26

#23

#33 **#31**

Kassel

Leipzig **#24**

Köln

#27

#35

#34 Frankfurt

Würzburg

KREISE
ZIEHEN!

SEE
AN SEE
AN SEE

Von Wasser zu Wasser

Vom Tagebausee bei Leipzig über eine Talperre im Harz bis in die Maare der Eifel – abwechslungsreiche Alltagsfluchten ans kühle Nass warten auf neugierige Draußen-Fans.

#21	... jenseits der Müggelberge bei Berlin	Seite 92
#22	... bei Potsdam	Seite 96
#23	... im Lausitzer Seenland	Seite 100
#24	... in Beucha bei Leipzig	Seite 104
#25	... an der Rappbodetalsperre im Harz	Seite 108
#26	... von Dessau nach Leipzig	Seite 112
#27	... in der Rhön	Seite 116
#28	... bei Clausthal-Zellerfeld im Harz	Seite 120
#29	... rund um den Halterner Stausee	Seite 124
#30	... im Paderborner Land	Seite 128
#31	... an der Ruhr in Essen	Seite 132
#32	... in Xanten	Seite 136
#33	... die Krickebecker Seen am Niederrhein	Seite 140
#34	... im Gemündener Maar in der Eifel	Seite 144
#35	... auf der Lahn	Seite 148

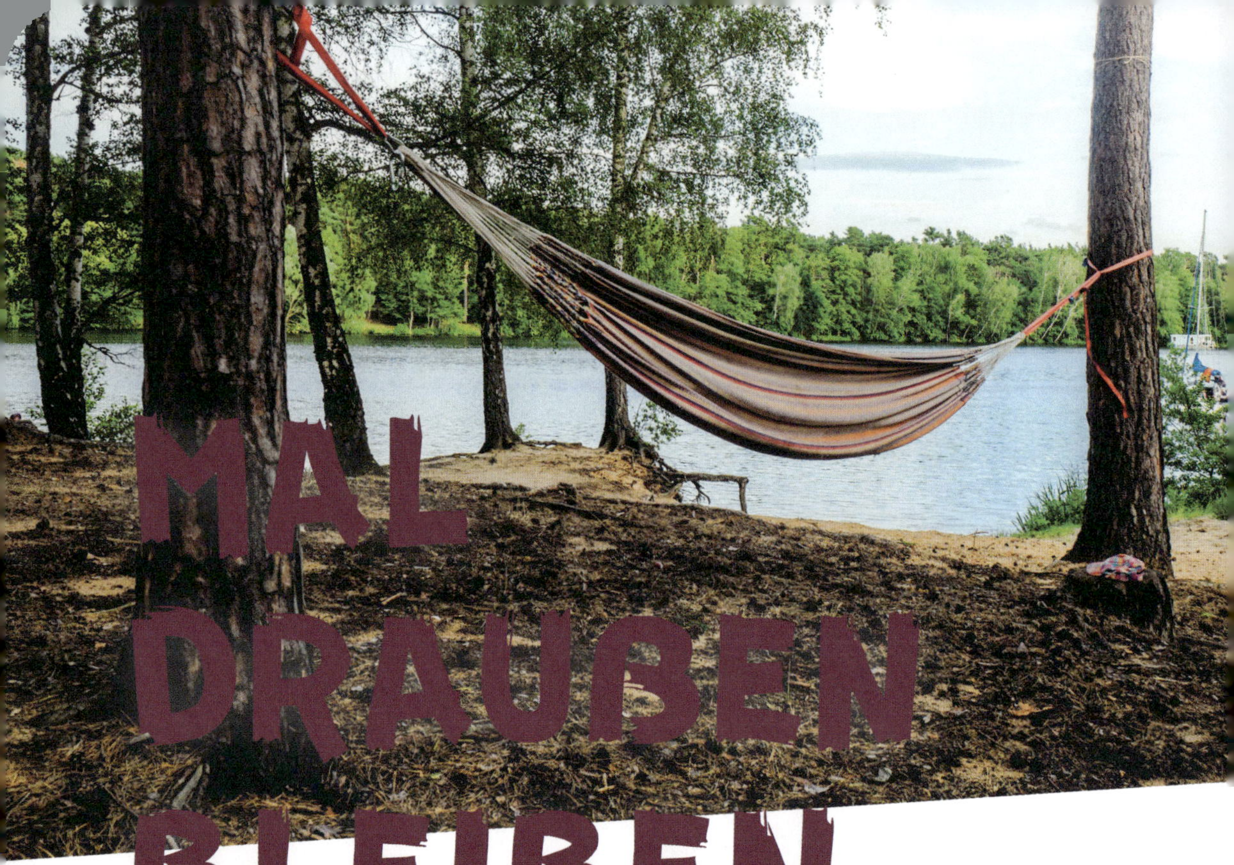

MAL DRAUßEN BLEIBEN

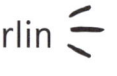

… jenseits der Müggelberge bei Berlin

#21

Haben Sie gewusst, dass es in Brandenburg eine abgeschwächte Version des Jedermannsrechtes gibt? Ein Zelt ist zwar nicht erlaubt, aber das Schlafen unter dem Sternenhimmel für eine Nacht schon. Selbstverständlich nicht in Schutzgebieten und nur ohne Lagerfeuer.

#Sternenhimmel #wandern #baden #Wald #biwakieren

Warum nicht nachts einfach mal im
Freien bleiben?

Eine Nacht im Freien, wann hat man das überhaupt schon einmal gemacht? Immer schön
für eine Nacht im Freien ist ein See, an dem
man sich morgens das Gesicht waschen und
am Ufer gemütlich Kaffee trinken kann. Die
wasserreiche Gegend südlich des Müggelsees
bietet sich an, obwohl – oder weil – man hier
nicht komplett alleine ist. Viele Bootsbesitzer
»parken« hier ihre Boote und kampieren am
Ufer. Vorher lässt es sich gut durch die Müggelberge wandern. Von der Haltestelle Rübezahl führt der Weg nach rechts. Nach kurzer
Wegstrecke folgt man dem Schild Lehrkabi-

nett Waldschule nach links und gelangt zum
schönen Bohlenweg durch ein Feuchtgebiet.
Entlang geht es am Teufelssee mit den vielen
Seerosen. Gegenüber sieht man den Müggel-
turm, der einen Umweg erfordert, von oben
aber eine fantastische Aussicht über die ganze Gegend bietet.

Um den höchsten Punkt der Müggelberge zu
erreichen und somit auch die höchste natürliche Erhebung Berlins, hält man sich nach dem
Bohlenweg geradeaus, läuft die kleine Treppe
hoch und den recht steilen, sandigen Pfad auf-

Ein Lagerfeuer ist natürlich nicht erlaubt, es spricht aber nichts gegen ein schönes Abendbrot.

wärts. Das ist ordentlich anstrengend, aber so eine Bergbesteigung erfordert sogar in Berlin ihren Tribut. Weiter geht es links über eine kleine Brücke. Hier unbedingt die Schilder beachten und keinesfalls auf den Downhill-Pfad laufen, auf dem Mountainbiker mit schwindelerregender Geschwindigkeit hinunterdüsen. Danach immer an den steilsten Weg halten. Nach der Sendeanlage weist ein Schild den Weg »Zum höchsten Berg Berlins«. Oben steht zwar ein Gipfelkreuz, einen weiten Blick versperren aber die Bäume. Danach geht's zu-

Hin & weg: Mit der U5 vom Alexanderplatz in 20 Min. zum Elstawerdaer Platz. Von dort mit dem Bus 169 Richtung Müggelheim in 25 Min. bis zur Haltestelle Rübezahl. Zurück ebenfalls mit dem Bus 169 zum Beispiel von der Haltestelle Müggelheim Dorf.

Beste Zeit: Warmer Sommertag mit guten Wetteraussichten.

Dauer: 2 Tage, 1 Nacht.

Ausrüstung: Ausreichend Wasser, GPS, Kompass, App (z. B. komoot) oder Google Maps, Gaskocher, Zutaten für Abendessen und Frühstück. Evtl. Ohren-

stöpsel – Vögel und Frösche können erstaunlich laut sein. Für die Notdurft mit einem Ast oder einer kleinen Schaufel ein kleines Loch graben und unbedingt umweltfreundliches Toilettenpapier benutzen, das mit vergraben wird. Handtuch und Badesachen mitnehmen!

Wenn es Nacht wird: Eine Isomatte hilft gegen den harten und nachts etwas kälteren Boden, eine wasserdichte Unterlage gegen den Morgentau. Oder man entscheidet sich für eine Hängematte (mit gutem Baumschutz). Ein warmer Schlafsack und auch im Sommer eine Mütze, die Berliner Nächte sind kühl.

rück zum Schild und nach Süden weiter zum Langen See. Dort hat man eine wunderbare Aussicht. Anschließend dann nach links wenden und am Ufer entlang nach Südosten wandern. Zwischen dem Mischwald finden sich unzählige kleine Buchten, wo man ins Wasser springen oder bereits das Nachtlager aufschlagen kann. An Wochenenden ist es aber schon mal ordentlich voll, doch gegen Abend verschwinden die meisten Besucher.

Oder man läuft am Wasser entlang weiter nach Große Krampe. Ein Vorteil, wenn man sich hier niederlässt: Morgensonne von Osten. Allgemein sollte man das Nachtlager lieber weiter im Wald als zu nah am Wasser aufschlagen und auf Feuchtgebiete achten. Die Geräusche sind ungewohnt, wenn nicht einmal eine Zeltwand einen von der Natur trennt. Morgens wecken einen eventuell die Flugzeuge schon früh, die hier von Schönefeld zu hören sind. Dann kann man schon früher beginnen, die Idylle am Wasser bei einem Kaffee zu genießen.

Von der Bushaltestelle in Müggelheim/Dorf kommt man schnell wieder in die Stadt. Man kann aber auch nach Süden gehen und die Fähre F21 nach Schmöckwitz nehmen, noch eine Runde am Seddinsee entlangspazieren und eine geräucherte Forelle im Restaurant Strandlust genießen.

Tipp: Eine Kompass-App auf dem Smartphone ist hilfreicher für die Navigation unterwegs als Google Maps.

In den Müggelbergen zwischen Müggelsee und Langer See befindet sich die höchste natürliche Erhebung Berlins.

FAZIT: EINFACH UNTERM STERNENHIMMEL SCHLAFEN GEHT SOGAR IN BERLIN.

RUHE IM FASS

... bei Potsdam

#22

Nichts los in Seddin. So könnte man es wohl zusammenfassen. Dafür gibt's am Großen Seddiner See besonders eines: Ruhe. Wer im Sommer ein lauschiges Plätzchen am See sucht, ist auf dem schönen Zeltplatz Icanos genau richtig. Was man hier außerdem findet: Fässer, in denen man schlafen kann.

Im lauschigen Kiefernwald hier am Nordufer des Großen Seddiner Sees stehen vereinzelt Zelte und Wohnwagen auf dem Campingplatz, es herrscht himmlische Ruhe. Und mittendrin: Camping-Fässer, die aussehen wie überdimensionierte Gurkenfässer aus dem Spreewald. Das Schlafgefühl im kleinen Holzwunder ist beinahe wie im Baumhaus. Die von außen winzig wirkenden Fässer bieten tatsächlich einen kleinen Sitzbereich und zwei Matratzen. Bettzeug und Bettwäsche sind inklusive, man kann daher auch einfach vor Ort buchen, sollte glücklicherweise eines der drei Fässer noch frei sein. Man kann aber auch einfach

Im Fass schlafen - das geht nicht nur im Spreewald.

sein eigenes Zelt aufschlagen und ein entspanntes Wochenende genießen.

Der Seddiner See ist groß genug, um eine ausgiebige Paddelrunde einzulegen. Ruderboote gibt's am Campingplatz, Kanus und Kajaks können am Südufer in Kähnsdorf neben dem Gasthof Zur Reuse gemietet werden. Der kleine Ort mit seinem riesigen Findlingsgarten ist ohnehin einen Ausflug wert. Neben den Steinen werden im Freilichtmuseum Skulpturen und Werke lokaler Künstler ausgestellt.

Direkt nebenan befindet sich außerdem die Kulturscheune, ein altes Fachwerkhaus aus dem 18. Jahrhundert, das heute verschiedene Ausstellungen beherbergt und als Veranstaltungsort dient. Ein schöner Bauerngarten umschließt das Haus, das Überbleibsel aus den Fischerzeiten ist.

Für lukullische Genüsse sorgt man entweder selbst oder stattet dem Café Seeblick in der Hauptstraße 17 einen Besuch ab. Sehr zu empfehlen ist auch der Fischerhof Seddiner See nahe der Hauptstraße in der Fischergasse 1, wo man sich fürs Wochenende mit herrlichem Fisch eindecken oder sich gleich einen Räucherfisch schmecken lassen kann.

Wer noch etwas laufen möchte: Um den Seddiner See führt durch schönen Wald und über Wiesen ein Rundweg. Im Süden geht der Weg aber teilweise an der Straße entlang.

FAZIT: EIN ABSOLUT RUHIGES CAMPING-ERLEBNIS NAHE BERLIN. DER CLOU: WER MÖCHTE, KANN DIE NÄCHTE IN EINEM FASS VERBRINGEN.

Hin & weg: Mit dem RE7 vom Hauptbahnhof, Charlottenburg oder Potsdam in einer halben Stunde nach Seddin. Der Zeltplatz liegt am Nordufer des Großen Seddiner Sees im Ortsteil Neuseddin.

Beste Zeit: Sommer oder Spätsommer außerhalb der Schulferien, sonst ist es mit der Ruhe vorbei.

Dauer: 2 bis 3 Tage.

Ausrüstung: Campingsachen und Verpflegung. Der Campingplatz ist mit Sanitäranlagen ausgestattet, hat aber keine Gaststätte und der Kiosk öffnet unregelmäßig.

Wenn es Nacht wird: Eines der günstigen Campingfässer auf dem Zeltplatz Icanos buchen (Bettzeug ist inklusive) oder das eigene Zelt mitbringen (www.campingplatz-icanos.de).

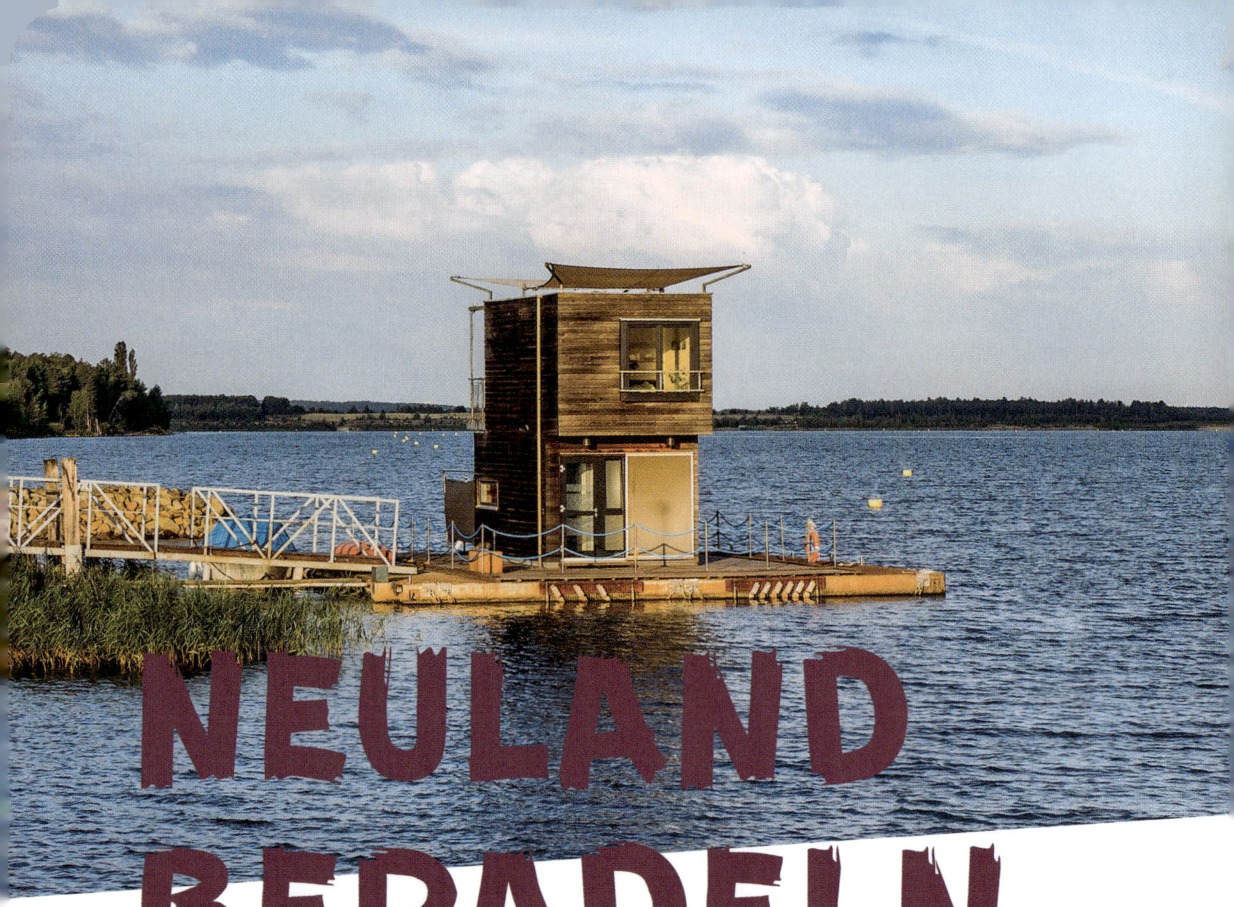

NEULAND BERADELN

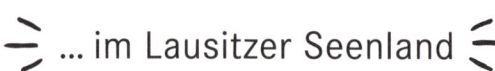

… im Lausitzer Seenland

#23

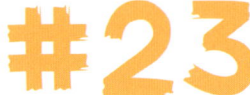

Noch sind nicht alle Seen der ehemaligen Tagebauregion verbunden, manche Kanäle noch gesperrt. Dennoch kann man hier bereits idyllische Radtouren unternehmen. Höhepunkt ist die Übernachtung im schwimmenden Haus auf dem Wasser mit Blick auf den Sonnenuntergang.

#Niederlausitz #Kapitänfeeling #Seenliebe

Bei der Renaturierung nach dem Tagebau wurde im Lausitzer Seenland sehr auf Barrierefreiheit geachtet, weshalb sich eine Fahrradtour durch das Gebiet anbietet. Die 40 Kilometer lange Tour führt an fünf großen Seen der Niederlausitz vorbei. Wer möchte, erweitert sie bis in die Oberlausitz.

Startpunkt ist das Touristenbüro in Senftenberg am Markt (www.senftenberg.de), um sich nach den örtlichen Gegebenheiten zu erkundigen. Manchmal müssen Abschnitte des Gebietes aus Sicherheitsgründen gesperrt werden, da das Abrutschen losen Untergrundes droht. Warnungen bitte ernst nehmen! Für Infos empfehlenswert ist die Website www.lausitzerseenland.de

Vom Markt geht es über die Schlossstraße rechts in den Steindamm und am Schlosspark entlang. Am Hafen angekommen, links abbiegen und am Senftenberger See entlang bis Kleinkoschen mit schönen Aussichten auf den See und vielen Chancen auf unend-

Im LeuchtTurm Lausitz am Geierswalder See kann man essen gehen, einen Cocktail trinken oder im Turmzimmer übernachten.

den Koschener See bietet. Weiter geradeaus liegt links der Sedlitzer See, rechts der Partwitzer See, welcher sich jedoch hinter einem Stück Wald verbirgt. Kurz vor Lieske macht der Weg eine scharfe Rechtskurve (besser nach Navi fahren) und führt zum Strand des Partwitzer Sees, der aufgrund der Kalkung karibisch blaugrün leuchtet. Die Farbe wird allerdings mit den Jahren verblassen. Das Badeparadies ist schon seit einiger Zeit für die Nutzung freigegeben, auf der in den See ragenden Halbinsel laden viele kleine Buchten zum Planschen ein.

Stilecht ist eine Übernachtung im schwimmenden Haus, das an einem kleineren ruhigen Badestrand mit herrlicher Terrasse und Blick auf die untergehende Sonne liegt. Wer den Wein vergessen hat, bekommt garantiert nebenan im Partwitzer Hof ein Fläschchen (www.partwitzer-hof.de). Zurück geht es über das Südufer des Partwitzer Sees zum

lichen Vorrat an Brombeeren (beste Zeit: August). Vor dem kleinen erhöhten Rastplatz links abbiegen, die Straße überqueren und die Alte Somoer Straße immer geradeaus bis zum Aussichtspunkt »Rostiger Nagel« radeln, der einen wunderschönen Blick über

Badebuchten am schönen Geierswalder See unweit des Lausitz Resorts. Vom »Rostigen Nagel« am Koschener See aus gibt es gratis einen fantastischen Rundumblick über das Lausitzer Seenland (rechts).

Geierswalder See mit weiteren schwimmenden Häusern des Lausitz Resort. Wer sich hier einmietet, ist besonders schön in den Häusern am Uferhang mit grandiosem Seeblick aufgehoben. Nicht erschrecken wegen der rostbraunen Farbe des Wassers: Diese ist dem ausgeschwemmten Eisenoxyd geschuldet und für Menschen ungefährlich. Von der nahe gelegenen Strandbar aus finden regelmäßig Ausflüge mit Solarbooten statt.

Wenige Fahrradminuten weiter steht der Leuchtturm Lausitz mit Restaurant, Bar und Übernachtungsmöglichkeiten. Am Ufer stehen Kajaks und Kanus zur Ausleihe bereit.

Weiter am Ufer entlang, führt der Weg wieder nach Kleinkoschen, wo es auf gleicher Strecke am Senftenberger See entlang zurück zum Ausgangspunkt geht.

FAZIT: SCHÖNE AUSSICHTEN MIT BADESPAß!

Hin & weg: Mit dem RB24 oder 49 nach Senftenberg. Achtung: Die Fahrstühle sind etwas kurz, lange Fahrräder müssen eventuell die Treppen von und zu den Bahnsteigen getragen werden.

Beste Zeit: Sommer für den Badespaß, die Nebensaison, wenn es etwas ruhiger sein soll. Wirklich voll ist es jedoch hier noch nicht.

Dauer & Strecke: Als Radtour eine Übernachtung, mit Badetag besser zwei. Hin- und Rückfahrt zusammen ca. 37 km.

Ausrüstung: Navi, Bargeld, Luftpumpe, Trinkwasser.

Wenn es Nacht wird: Außergewöhnliche Unterkünfte findet man in einem schwimmenden Haus am Partwitzer See (www.bootshaeuser.de, zeitig buchen!) oder Geierswalder See (www.feriendorf-lausitz-resort.de) oder in einem Leuchtturm (www.leuchtturm-lausitz.de).

SCHWERE-LOS VOR DEN AUGEN GOTTES

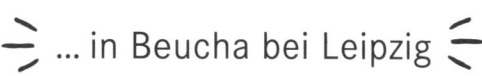

... in Beucha bei Leipzig

Sprungtürme sind selten geworden. Doch am Bergsee in Beucha gibt es sie reichlich. In allen erdenklichen Höhen aus natürlichem Fels an der Abbruchkante des ehemaligen Steinbruchs. Als Kulisse thront die Kirche des Ortes oben auf der Klippe. Auf diese Weise beschützt, könnte man einen Sprung wagen – nur Mut!

#Steinbruch #SprungohneSprungturm #intürkisblauemWassertreiben

→ IM HERZEN...

#24

Das Thermometer steigt in Richtung 30 Grad – und es soll mal kein Freibad, Baggersee oder Fluss sein, sondern etwas ganz Besonderes? Warum nicht ein mit Wasser vollgelaufener Steinbruch? Davon gibt es im Südosten von Leipzig so einige, aber keiner ist so spektakulär und schön wie der Bergsee in Beucha.

Geht man vom Ort aus aufwärts zur alten Dorfkirche, wird einem erst mal nichts ungewöhnlich vorkommen. Schaut man dann aber über die halbhohen Feldsteinmauern neben der Kirche, so sieht man, dass diese keineswegs nur im Dorf geblieben ist, sondern direkt an der Abbruchkante eines Steinbruchs steht. In den Sommermonaten ist die kleine Kirche an jedem Sonntagnachmittag geöffnet. Schon seit 1429 steht sie auf der Bergkuppe. Der Steinbruch kam später, als man begann, sich für das Darunter, den Granitporphyr zu interessieren.

Eigentlich sollte die Kirche Mitte des 19. Jahrhunderts abgerissen werden, um den Berg abtragen zu können. Doch der damalige Pfarrer kämpfte für ihren Erhalt. 1958 wurde der Steinbruch geschlossen und damit auch das Abpumpen des Wassers gestoppt. So lief der Kirchbruch, wie er offiziell heißt, mit Grundwasser voll. Das Wasser ist türkisblau und glitzerklar. Auf den 38 Meter tiefen Grund kann man trotzdem nicht schauen. Die steilen Abbruchkanten machen es an vielen Stellen möglich, dass man einen Sprung in die Tiefe wagen kann. Die Beuchaer Dorfjugend kennt sich aus. Wer sich nicht traut, schwimmt einfach nur. Die Liegeplätze sind lauschig, aber nicht gerade reichlich vorhanden. Ein schmaler Pfad führt rund um den See und eröffnet immer wieder aus neuen Perspektiven Blicke auf die kleine Kirche. Nicht umsonst gehört sie zu den meist fotografierten Kirchen im Leipziger Umland.

Erfrischendes Seebad mit sensationeller Kulisse.

Mit ihrer dramatischen Hanglage bildet sie zu jeder Jahreszeit ein reizvolles Fotomotiv. Ihren besonderen Zauber entfaltet sie in den Abendstunden, wenn die letzten Strahlen der Sonne sie über dem kleinen Bergsee funkeln lassen. Da lohnt es sich, länger zu bleiben – etwa für ein Open-Air-Dinner aus der Picknicktasche.

> **FAZIT: WER SICH TRAUT ZU SPRINGEN, WIRD MIT EINEM GANZ BESONDEREN BADEKITZEL BELOHNT.**

Hin & weg: Von Leipzig mit der Regionalbahn 110 bis Beucha, von da 5 Min. zu Fuß. Oder mit dem Fahrrad 15 km aus der Leipziger Innenstadt.

Beste Zeit: Heiße Sommertage. Aber auch ein Spaziergang um den See lohnt sich, jederzeit.

Dauer & Strecke: Nach Lust und Laune.

Ausrüstung: Handtuch, Badesachen, Mut.

Wenn es Nacht wird: Mit der S-Bahn gelangt man schnell von der Naturidylle in den urbanen Hotspot Leipzig. Auf dem Gelände der Baumwollspinnerei gibt es Zimmer, Industriearchitektur und Kunst vom Feinsten (www.meisterzimmer.de).

NERVEN-KITZEL

≳ ... an der Rappbodetalsperre im Harz ≲

#25

Rekorde, Rekorde ... Die längste Doppelseilrutsche Europas saust über die höchste Talsperre Deutschlands in die Tiefe, an deren Staumauer man mit etwas Mut und am Seil befestigt 44 Meter hinabrennen kann. Aber das ist noch nicht alles. Neuerdings spannt sich hier eine der längsten Hängebrücken der Welt über den Fluss Rappbode und lockt Adrenalinjunkies.

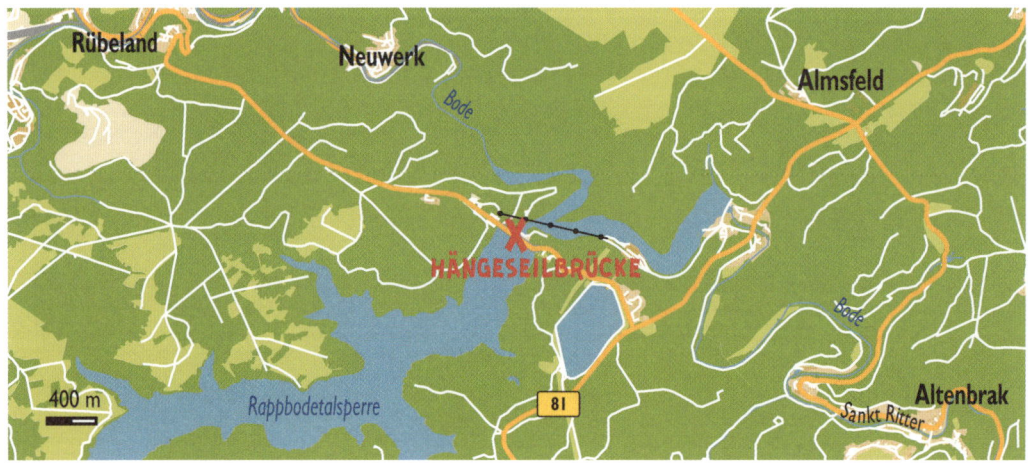

Von allen Abenteuern, die an der Rappbodetalsperre erlebbar sind, ist die Überquerung
der Hängebrücke die am leichtesten zu beste-
hende. Trotzdem hat sie es in sich! 100 Meter
über dem Tal, nur von Drahtseilen gehalten,
schwankt die Brücke gewaltig. Das durchsich-
tige Trittgitter sowie das seitliche, nicht allzu
hohe Drahtnetz verstärken die Ausschüttung
des Stresshormons Adrenalin definitiv. Höhenängstliche sollten die fast 500 Meter lange Brücke lieber meiden und sich das Schau-
spiel von der Staumauer aus anschauen.

Nichts für Höhenängstliche: Auch wenn kein Lüftchen weht, schwankt die Brücke beachtlich.

In der Mitte der Brücke können besonders Mutige allein oder zu zweit einen 75 Meter tiefen Pendelsprung wagen. Das ist eine Mischung aus Schaukel und Bungee-Jumping. Allerdings ist es nicht so niedlich, wie es aussieht, jedenfalls nach den Schreien derer zu beurteilen, die es wagen. Laute Ahhhhhhhhhhhhhhhhhhhs hallen durch das Tal.

Nicht weniger aufregend ist es für die, die sich entschließen, sich auf dem Turm oberhalb des Brückeneingangs in den Liegendgurt der Zip-Line einbinden zu lassen. Nicht mehr und nicht weniger als »einmal fliegen« steht hier auf dem Programm. Die Seilrollen werden eingeklinkt und der Gurt mit drei Karabinern an den Rollen befestigt. Dann wird die Blockierung gelöst und die Fast-Vögel sausen mit nahezu 100 Kilometern pro Stunde ins Tal hinab. Leuchtende Augen haben danach alle.

Tipp: Von Thale nach Wendefurth kann man ein hübsches Stück des berühmten Harzer-Hexen-Stieges erwandern.

FAZIT: FÜR DIE, DENEN WANDERUNGEN DURCH URIGE WÄLDER UND RADTOUREN AN LIEBLICHEN FLUSSAUEN ZU WENIG SIND.

Hin & weg: Mit dem eigenen Auto in 1 Std. ab Halle, und in 1,5 Std. ab Leipzig.

Beste Zeit: In jeder Jahreszeit möglich, nur bei Sturm, Regen und starkem Schneefall bleiben die Stationen geschlossen. Mehr unter www.harzdrenalin.de

Dauer & Strecke: 1–3 Std.

Ausrüstung: Mut.

Wenn es Nacht wird: Im Hasselfelder Ortsteil Rotacker findet man via Airbnb ein schönes Ferienhaus.

ZEITREISE

⌐ ... von Dessau nach Leipzig ⌐

#26

Diese 90 Kilometer lange Radtour streift das Dessau-Wörlitzer Gartenreich, schlängelt sich entlang der Mulde durch herrliche Auenlandschaften und führt südlich der ehemaligen Industrieregion Bitterfeld-Wolfen zu klaren Badeseen und interessanten Industriedenkmälern.

Im ältesten Irrgarten Deutschlands in Altjeßnitz ist guter Orientierungssinn gefragt. Vor allem für die Kinder ist das Herumrennen in den alten Buchenhecken ein großartiger Spaß.

An der schönen Holzbrücke bei Dessau, der Jagdbrücke über die Mulde, beginnt diese Radtour, wenige Kilometer bevor der Fluss in die Elbe mündet. Wörlitz, Vockerode und Oranienbaum sind von hier aus nicht weit und lohnen unbedingt einen Abstecher, wenn man schnell unterwegs ist und viel sehen möchte.

Direkt an dieser Route liegt die wohl idyllischste Schlossanlage des Wörlitzer Gartenreiches, der klassizistische Landsitz der Fürstin Luise, das Luisium. Die Zeit scheint hier stillzustehen, und im ehemaligen Refugium der Fürstin erkennt man den Traumzustand des europäischen Geistes der Aufklärer, Dichter und Denker, die hier einst durch die Alleen spazierten.

In Altjeßnitz wird es unübersichtlich: Hainbuchenhecken bilden den ältesten barocken Irrgarten Deutschlands. Wer Glück hat, findet schnell den kürzesten Weg von 400 Metern bis zum Zentrum. In dem kunstvollen Wegenetz gibt es keine Sackgassen – dafür aber rund 250 verschiedene Möglichkeiten, das Ziel zu erreichen. Man sollte also lieber ein bisschen Zeit einplanen.

Über Bitterfeld-Wolfen und am westlichen Ufer des Goitzschesees vorbei geht es nach Delitzsch. Eine pastellfarbene Schlossanlage, einst beliebte Reiseresidenz der sächsischen Fürsten, lockt mit Museum, Barockgarten und Aussichtsturm. In der benachbarten Schlosswache wird feines Essen serviert.

Östlich der Stadt führt der Radweg weiter über Selben und Brodau an den Werbeliner See. Das geschützte Vogelrefugium mit seinen unver-

bauten, aufsteigenden Ufern ist urwüchsig und einsam. Ein wunderbarer Ort, um am Abend ein Lagerfeuer anzuzünden oder gar ein Zelt aufzuschlagen.

Ein Weg führt zwischen dem Grabschützer und dem Werbeliner See in Richtung Zwochau, zu einem schon weithin sichtbaren 17 Meter hohen Schaufelrad. Es blieb übrig, als 1996 der Schaufelradbagger SRs 6300, eines der größten derartigen Geräte weltweit, gesprengt und verschrottet wurde.

Am benachbarten Schladitzer See geht es dann recht touristisch zu. Die nördliche »Badewanne« Leipzigs ist von mehreren schönen Stränden gesäumt. In Hayna verfolgt ein Strandverein ein Badekonzept der ganz besonderen Art: nicht Fun, Sport und Action stehen hier im Vordergrund, sondern die Badekultur zur Zeit des Biedermeier.

Sonnenuntergangsromantik pur am Werbeliner See.

FAZIT: INTERESSANTE ZEITREISE DURCH VERSCHIEDENE EPOCHEN.

Hin & weg: Ab Leipzig bzw. Halle mit der S-Bahn nach Dessau.

Beste Zeit: Jederzeit möglich.

Dauer & Strecke: 2–3 Tage, 90 km mit dem Rad.

Ausrüstung: Fahrradkarte, rote Schnur für den Irrgarten.

Wenn es Nacht wird: Wer schon immer mal in einem schwimmenden Haus übernachten wollte – auf dem Goitzschesee bei Bitterfeld ist das möglich: www.hausbootvermietung-seeblick.de

KEIN SEE WIE DER ANDERE

 ... in der Rhön

#27

Ein See ist wie der andere? Von wegen! In der Rhön gibt es zahlreiche sehr unterschiedliche Seen und Gewässer, die die wunderbare, vielfältige Natur der Rhön ausmachen. Zudem tragen sie einen großen Teil zur Artenvielfalt bei. Bei einer Tour zu den Gewässern wird deutlich: See ist nicht gleich See.

#KröteSalamander&Co. #DreiLänderRhön #ThüringenHessenBayern #Fuldaquelle

Die besonderen Gewässer bieten vielen geschützten Tier- und Pflanzenarten einen wichtigen Lebensraum.

Start ist Roßdorf. Am Schlossplatz liegt die Roßdorfer Kutte, die bis zu elf Meter tief ist. Neben der romantischen Stimmung, die der Erdfallsee verbreitet, ist er ein wichtiger Lebensraum für geschützte Tier- und Pflanzenarten. Wer Glück hat, hört nicht nur das Quaken der Kreuzkröte, sondern entdeckt auch einen Feuersalamander. Weiter geht es nach Norden zur Bernshäuser Kutte. Versteckt und von einem Wald umringt, wird der größte See der Thüringer Rhön erreicht. Der meromiktische Erdfallsee ist bis zu 45 Meter tief und hat teilweise einen Durchmesser von 250 Metern. Achtung: Am Parkplatz ist lediglich ein kleiner Vorsee, der häufig vom Hauptsee ablenkt. Da die Kutte keinen Zu- oder Abfluss hat, ist ihr ökologisches Gleichgewicht sehr empfindlich. Baden ist daher nicht gern gesehen, allerdings ist der Weg rund um den See bereits eine kleine Abenteuertour.

Neben den Seen, an denen man unterwegs vorbeikommt, ist auch die umgebende Natur sehr sehenswert und eröffnet faszinierende Blicke.

Als Nächstes geht es über Bernshausen zum Schönsee. Die idyllische Lage sowie die abwechslungsreiche Waldlandschaft am Westhang des Pleßmassives machen ihn zu einem lohnenden Wanderziel. Für die Nacht geht es mit Auto oder Bus hinauf auf die Wasserkuppe, den höchsten Berg der Rhön.

Ausgeschlafen führt der Weg direkt zur Fuldaquelle. Hier entspringt der Fluss und tritt sei-

Zwar ist nicht in jedem See das Baden erlaubt, allerdings haben sie alle etwas Friedliches an sich, das einen gerne innehalten lässt.

nen weiten Weg bis zur Vereinigung mit der Werra und als Weser in die Nordsee an. Die Quelle ist wegen ihres klaren und frischen Wassers eine willkommene Erfrischung.

Von hier verläuft die Route querfeldein hinunter, durch Wälder und an Wiesen entlang. Der Feldbach zeigt sich, und eine Bilderbuchwelt öffnet sich vor einem: die Kaskadenschlucht. Ein wildromantischer Wanderweg führt durch einen Buchenwald entlang des Bachs, der sich über ein Buntsandsteinbett stürzt. Immer wieder verzaubern einen kleine Wasserfälle und Stromschnellen. Doch der Weg geht weiter, über den Rundweg 4 zum Roten Moor.

Nach Verlassen des Waldes folgt ein Feldweg, der von Blumenwiesen gesäumt ist. Am Moor vorbei führt der Rundweg 1 vom Parkplatz zum Berg Heidelstein mit seiner charakteristischen Antenne. Kurz nach dem Abstieg nach Südosten zum Gangolfsberg orientieren. Hier liegt der Basaltsee mit dem Steinernen Haus. Der ideale Ort für eine Pause und ein leckeres Stück Kuchen. Der See entstand durch Basaltabbau. Logisch, dass sich auch einige Sagen um diesen fast mystischen Ort ranken.

Es folgt der Endspurt zum Rothsee. Fernab der Hochrhönstraße verläuft der Weg entlang von Feldern und Wiesen nach Süden. Der Bauersberg wird halb umrundet. Über einen Parkplatz geht es zum Rothsee. Hier kann zum Abschluss geangelt oder der Schaustollen besucht werden. Im Biotop gibt es viel zu entdecken und es wird klar: See ist nicht gleich See.

FAZIT: ABWECHSLUNGSREICHE TOUR, DIE DIE BESONDERHEITEN DER RHÖNER GEWÄSSER UND DIE ARTENVIELFALT RUNDHERUM ZUM VORSCHEIN BRINGT.

Hin & weg: Roßdorf, Parkplatz Dorfzentrum; Bushaltestelle Bernshausen.

Dauer & Strecke: Ein ganzes Wochenende, erster Tag ca. 12 km, zweiter Tag ca. 21 km.

Beste Zeit: Frühjahr bis Herbst.

Ausrüstung: Festes Schuhwerk, Wanderrucksack mit Verpflegung, eventuell Bade-/Angelsachen.

Wenn es Nacht wird: Berghotel Deutscher Flieger, Wasserkuppe 48, 36129 Gersfeld, weitere Informationen unter www.deutscher-flieger.de

TEICH-HOPPING

>— ... bei Clausthal-Zellerfeld im Harz —<

#28

Wandern zwischen Teichen und Berg-wiesen - das zeichnet diese Eskapade aus. Auf dem Wasserwanderweg Bunten-bocker Teiche geht es in gut fünf Kilo-metern an fünf Teichen entlang durch das UNESCO-Weltkulturerbe Oberharzer Wasserregal.

Gerade im Frühsommer stehen die Wiesen rund um die Buntenbocker Teiche in voller Blüte, wie hier am Sumpfteich, dem ersten auf der Wanderung. Ein wunderschöner Kontrast zur dunklen Petrolfarbe des Sees.

Ein bisschen erinnern die Oberharzer Teiche rund um Clausthal-Zellerfeld an eine Art Seenplatte. Doch die Teiche, die heute als Bestandteile des Kulturdenkmals Oberharzer Wasserregal unter Denkmalschutz stehen, sind nicht natürlichen Ursprungs. Sie wurden einst für Bergbauzwecke angelegt, stellten die Wasserversorgung der Erzgruben sicher. Heute kann man entlang von Sumpf-, Ziegenberger, Bärenbrucher, Pixhaier und Schwarzenbacher Teich durch die Harzer Bergwelt wandern. Dank Hinweistafeln am Wegesrand erfährt man nebenbei viel Wissenswertes über den Bergbau und die Wasserwirtschaft im Harz.

Besonders schön ist der mit dem blauen Wasserrad gut ausgeschilderte Wasserwanderweg im Frühsommer, wenn es auf den umliegenden Bergwiesen grünt und in allen Farben blüht. Denn wenn der Weg gerade mal nicht an einem Teich entlangführt, geht es über die weiten Bergwiesen von Buntenbock. Hier liegen auch der Start- und Endpunkt der Rundwanderung. Und wer nach einem Wandernachmittag an der Bergluft hungrig gewor-

Hin & weg: Von Clausthal oder Osterode über die B241 und dann über die Alte Fuhrherrenstraße nach Buntenbock.

Beste Zeit: Besonders schön im Mai/Juni.

Dauer & Strecke: 2–3 Std., 5 km.

Ausrüstung: Ggf. wetterfeste Kleidung.

Wenn es Nacht wird: Campen direkt am See auf dem Campingplatz Prahljust, An den Langen Brüchen 4, Clausthal-Zellerfeld.

den ist, findet mit der Harzer Speisekammer mitten im Ort eine empfehlenswerte Einkehrmöglichkeit (www.harzerspeisekammer.de). Inhaber Michael Woyke hat sich ganz dem Slow-Food-Konzept verschrieben: einfach, regional und für Genießer geeignet. Genau wie die gesamte Tour also!

Übrigens: Der Ziegenberger Teich ist im Sommer ein beliebter Badeteich mit einer schönen Liegewiese in idyllischer Umgebung. Und wer den Sommertag am See zum Wochenende ausdehnen möchte, kann sein Zelt (oder den Camper) direkt am Ufer des Pixenhaier Teichs auf dem Campingplatz Prahljust aufschlagen.

FAZIT: SCHÖNE, FÜNF KILOMETER LANGE GENIESSERWANDERUNG UM FÜNF TEICHE BEI BUNTENBOCK.

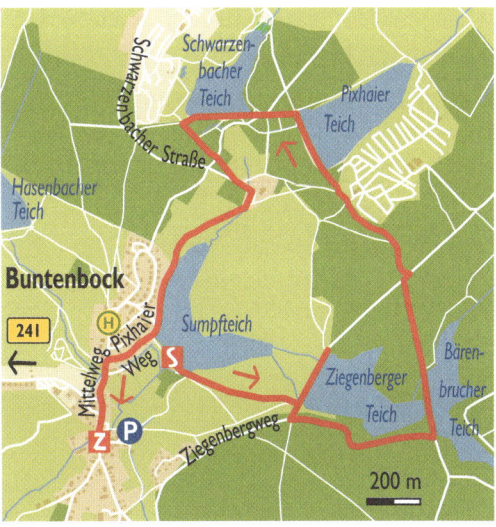

NAH AM WASSER

 ... rund um den Halterner Stausee

 **#29**

Der Halterner Stausee kann viel mehr als nur Seebad bei Sommersonnenwetter. Der See kann Ruhe und Idylle, Natur- schutz und Sport, Wasser gewinnen und zur Einkehr verlocken. Ob mit dem Rad oder per pedes, rund ums Wasser wird es nie langweilig. Oder wie wär's ganz old fashioned mit einer Tretbootfahrt?

#MecklenburgFeeling #rundumdenSee #BootsfrauAnja #Tretbootfahren

Strandbad oder See-Umrundung,
das ist hier die Frage ...

Bester Ausgangspunkt für die Haltern-Tour ist der Aalweg 11. Hier kümmert sich Familie Niehues in dritter Generation um das Fortkommen der Gäste. Fahrräder, Kajaks, Kanadier, Ruderboote, Planwagen und natürlich Tretboote stehen zur Auswahl. Serviceleistung »freundliches Personal« ist Ehrensache. Wer sich für ein Wasservehikel entscheidet, wird von Anja fachfräuisch beim Einstieg unterstützt. Von der abgeschiedenen Lage an der

Stever aus bekommt man vom Rummel auf dem See nichts mit. Und den gibt es zweifelsohne an sommerlichen Wochenenden. Wer den Weitblick auf dem Wasser liebt und sich die Sonne auf den Pelz brennen lassen möchte, heuert jenseits des Stauwehrs an.

Auch auf dem Leihfahrrad beginnt die Seeumrundung bei Familie Niehues, erst entlang der Stever, später auf der anderen Wasserseite

Treetboot geht eigentlich immer. Ganz old fashioned lässt es sich abseits vom Badetourismus beschaulich auf der Stever schippern.

über den Karl-Homann-Weg links herum. Verfahren kann man sich auf den neun Kilometern nicht. Münsterland-typisch rollt man vor sich hin, das können auch Kinder im Schlepptau gut schaffen. Die ewig Hungrigen werden sich

über Einkehrmöglichkeiten freuen. Auf einer Bank mit Blick auf das Treiben im Wasser sitzt es sich mit der eigenen Stulle aber bestens. Wenn man fast ganz rum ist, bietet sich mit Handtuch im Gepäck spontan ein Bad im See

Maritimes Flair, so weit das Auge reicht –
auch vom Ufer aus.

an, was nur im Strandbad offiziell erlaubt ist. Vorbei am Lakeside Inn und dem legendären Bikertreff, ist man schon wieder zurück.

Ist es bei besonders gutem Wetter zu trubelig am Halterner See, startet man einfach in die andere Richtung und umrundet seinen kleinen Bruder, den Hullerner Stausee. Auch dieser wird zur Wassergewinnung verwendet, steht aber komplett unter Naturschutz. Vogelfreunde sollten früh aufstehen, um mit dem Fernglas Eisvögel zu entdecken. Das Wasser links im Blick, fällt die Orientierung leicht, und die Sinne können sich voll auf das Naturschauspiel mit Mecklenburg-Feeling konzentrieren. Bänke und Kapellen gibt es reichlich auf dieser Runde, Einkehr jedoch Fehlanzeige.

Hin & weg: Mit Bus und Bahn bis Haltern am See, von dort zu Fuß direkt zum See. Es gibt weitere Busverbindungen bis Hallenbad (Westufer), Seebad (Südufer) oder Haus Niemen (Ostufer). Mit dem PKW zum Bootshaus Niehues, Aalweg 11, Haltern-Hullern.

Beste Zeit: Den Halterner Stausee und die Stever kann man von April bis Oktober vom Wasser aus erkunden. Per pedes und per Rad sind beide Stauseen ganzjährig ein Naturerlebnis, auch im Winter. An heißen Sommerwochenenden ist es weniger idyllisch.

Dauer & Strecke: Umrundung des Halterner Stausees 9 km, Hullerner Stausee 7 bis 12 km. Mit Bötchenfahren, Naturbeobachtung, Bad im See, Einkehr und Schnack mit Anja mindestens ein Tag.

Ausrüstung: Wer hat, bringt sein Rad mit, ansonsten hilft Familie Niehues aus. Hier leiht man sich im Sommer auch Boote (www.bootsverleih-niehues. de). Handtuch für den Sprung ins Wasser einpacken (www.seebad-haltern.de). Für die Hullern-Runde an Marschverpflegung und Fernglas denken.

Wenn es Nacht wird: DJH Jugendherberge Haltern am See, Stockwieser Damm 255, Tel. 02364 2258.

An einer schmalen Stelle des Sees kann die zwölf Kilometer lange Runde über eine Brücke halbiert werden. Wieder zurück auf die andere Steverseite gelangt man über eine schmale Brücke am Heimingshof. Hier gibt es einen großen Biergarten und lecker Grillgut, bei kalter Witterung entsprechend Heißgetränke zum Auftanken. Beide Stauseen besitzen auch im Herbst und Winter einen natürlichen Charme und punkten mit unvergleichlicher Ruhe. Einfach warm und wetterfest anziehen, und schon kann es losgehen.

FAZIT: EGAL OB LINKS ODER RECHTS HERUM, DIE BEIDEN STAUSEE-BRÜDER BITTEN AUF IDYLLISCHEN UFERKILOMETERN UM KONTAKTAUFNAHME.

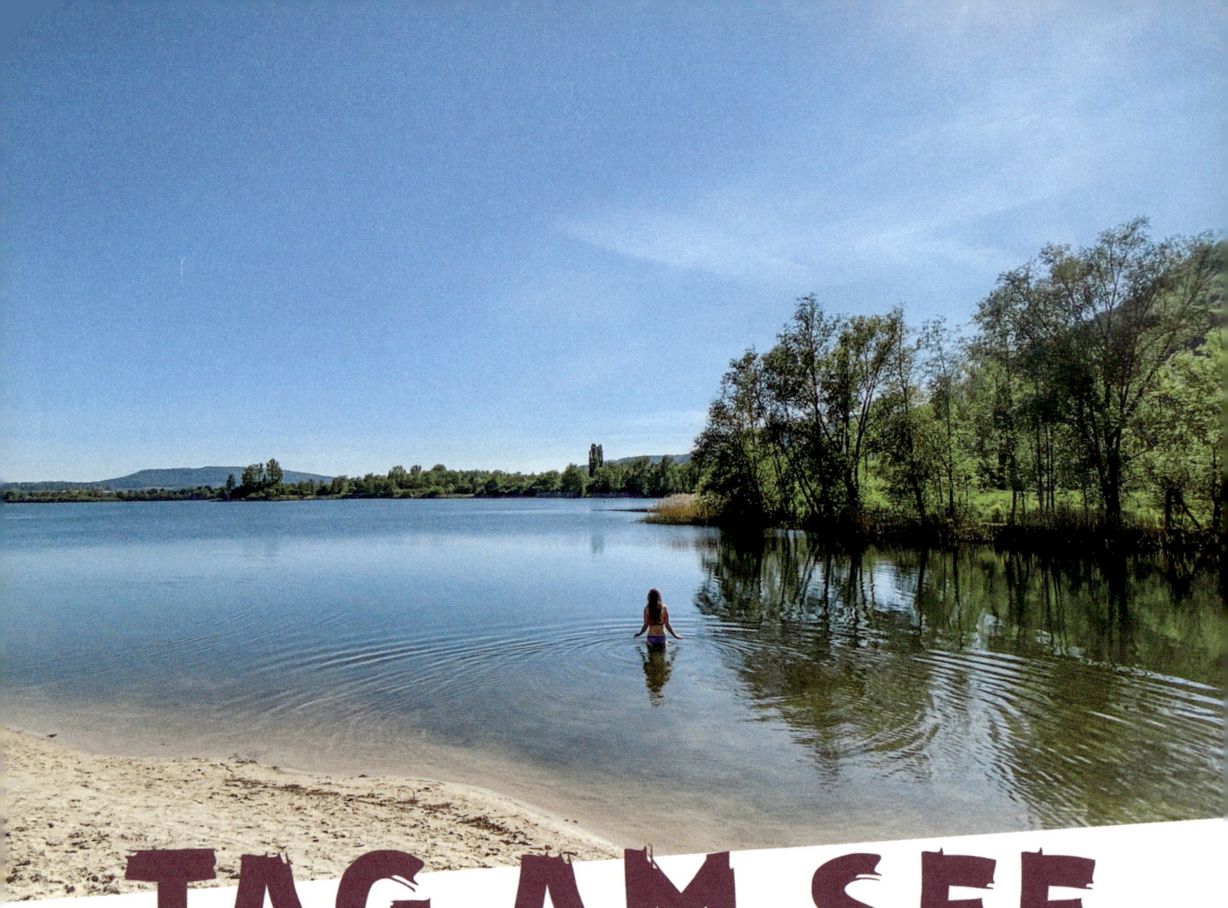

TAG AM SEE

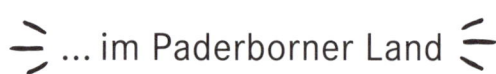

… im Paderborner Land

#30

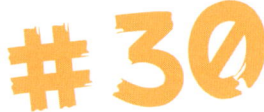

Dann kommen, wenn die anderen noch nicht da sind – das ist immer eine gute Idee. Vor allem, was Seen im Sommer betrifft. Zugegeben, im Mai ist das Wasser noch ziemlich kalt, dafür hat das »Anbaden« dann seinen ganz eigenen Wow-Effekt: Glücksgefühle sind dabei garantiert.

#nichtsfürWarmduscher #lifeisbetteratthebeach #Glücksgefühle

Einen See ganz für sich allein. Wer zur richtigen Uhrzeit kommt, hat gute Chancen.

Der goldgelbe Strand ist herrlich leer, vor einem liegt der glitzernde See. Was für ein verlockender Anblick, wo die Maisonne gerade erste Schweißperlen auf die Stirn treibt. Vorsichtig fühlt der nackte Fuß vor, das Wasser ist eisig, deutlich kälter, als gedacht. Mehr als zehn Grad werden es nicht sein. Zweifel kommen auf: Ob das mit dem Anbaden eine gute Idee war? Jetzt bloß nicht zu viel nachdenken. Wann hat man schon mal einen ganzen See für sich allein?!

Schnell sind Strandtasche, T-Shirt und Jeans abgelegt, der Bikini ist drunter, es gibt also keine Ausrede mehr. Langsam ins Wasser gewatet, kurz erstarrt. Der magische Moment ist gekommen, in dem man sich plötzlich selbst überrascht: Man tut es einfach, man schwimmt. Etwa drei bis vier Züge, bis nur noch Kälte zu spüren ist. Nichts wie raus! Bereits auf dem Weg zum Ufer setzt das Kribbeln ein, es durchströmt den ganzen Körper, gefolgt von warmen Wellen und einem großen Glücksgefühl, das einem ein Dauergrinsen ins Gesicht zaubert. Kein Wunder, denn durch den Kälteschock setzt der Körper Adrenalin und Endorphine frei. Nach dem Anbaden fühlt man sich wie neu geboren, lebendig und ziemlich wach. Raus aus den nassen Badesachen, rein ins kuschlig warme Handtuch. Ein paar

Bunte Blockhütten, ein Beach-Ball-Set und blaues Wasser – das ist Summerfeeling pur.

Bäume bieten Sichtschutz beim Umziehen, Umkleiden gibt es auch. Zeit, das gute Gefühl so lange wie möglich nachwirken zu lassen und diesen Moment mit sich und dem See allein. Lesend, dösend oder einfach auf dem Steg sitzend und auf den See schauend. Denn mit den letzten Wassertropfen, die langsam auf der Haut verdunsten, verschwindet auch die Ruhe. Nach und nach treffen die anderen Sonnenhungrigen ein. Kinder gehen mit Keschern auf Exkursion, eine Großfamilie picknickt, eine kleine Gruppe von Studenten prostet sich zu. Die Atmosphäre ist ausgelassen und fröhlich. Fühlt sich fast wie Sommer an, aber nur fast, weil sonst niemand baden geht.

Wer hungrig wird und nichts dabeihat, wartet, bis die Beachbar (www.strandgut-hoexter.com) am Ufer gegenüber öffnet. Ist das schon

Bali oder noch Höxter-Godelheim? Egal, es ist einfach wunderschön. Hübsche Makramee-Hänger treffen auf lächelnde Buddha-Statuen und dann ist da noch der weite Blick auf den See, die Felder und Wälder. Im Hintergrund

---

Hin & weg: Ab Paderborn Hauptbahnhof mit der NWB in 46 Min. bis Höxter-Godelheim. Der Parkplatz an der Freizeitanlage Höxter-Godelheim ist kostenpflichtig.

Beste Zeit: Frühjahr. Sommer geht auch, dann wird's allerdings schwieriger mit dem Alleinsein.

Dauer: 2 bis 3 Tage.

Ausrüstung: Mut, Schwimmsachen, Sachen zum Wechseln, Sonnenschutz, Proviant.

Wenn es Nacht wird: Beim nahegelegenen Wesercamping Höxter gibt's bunte Blockhütten, einen eigenen Bootsanleger und einen Kanuverleih (www.wesercamping-hoexter.de).

![Eine Etappe des Weser-Radwegs führt von Höxter durch das malerische Weserbergland.](#)

Eine Etappe des Weser-Radwegs führt von Höxter durch das malerische Weserbergland.

erklingen sanfte Chill-out-Sounds. Welch ein passender Ausklang für diesen Strandtag! Am nächsten Morgen bietet sich eine Kanutour über die Weser an, zahlreiche Ausleihmöglichkeiten und Anlegestellen sind vorhanden. Oder man radelt den Weser-Radweg entlang, der unter anderem in die Altstadt von Höxter mit ihren restaurierten Fachwerkhäusern führt, auch das UNESCO-Weltkulturerbe Schloss Corvey (www.schloss-corvey.de) liegt nicht weit entfernt. Wanderlustige erklimmen die Weserhänge und den Rodeneckturm, er bietet einen einmaligen Blick in das Wesertal und auf die Godelheimer Seen.

FAZIT: KOSTET NICHTS, AUßER ÜBERWINDUNG. LOHNT SICH ABER DEFINITIV.

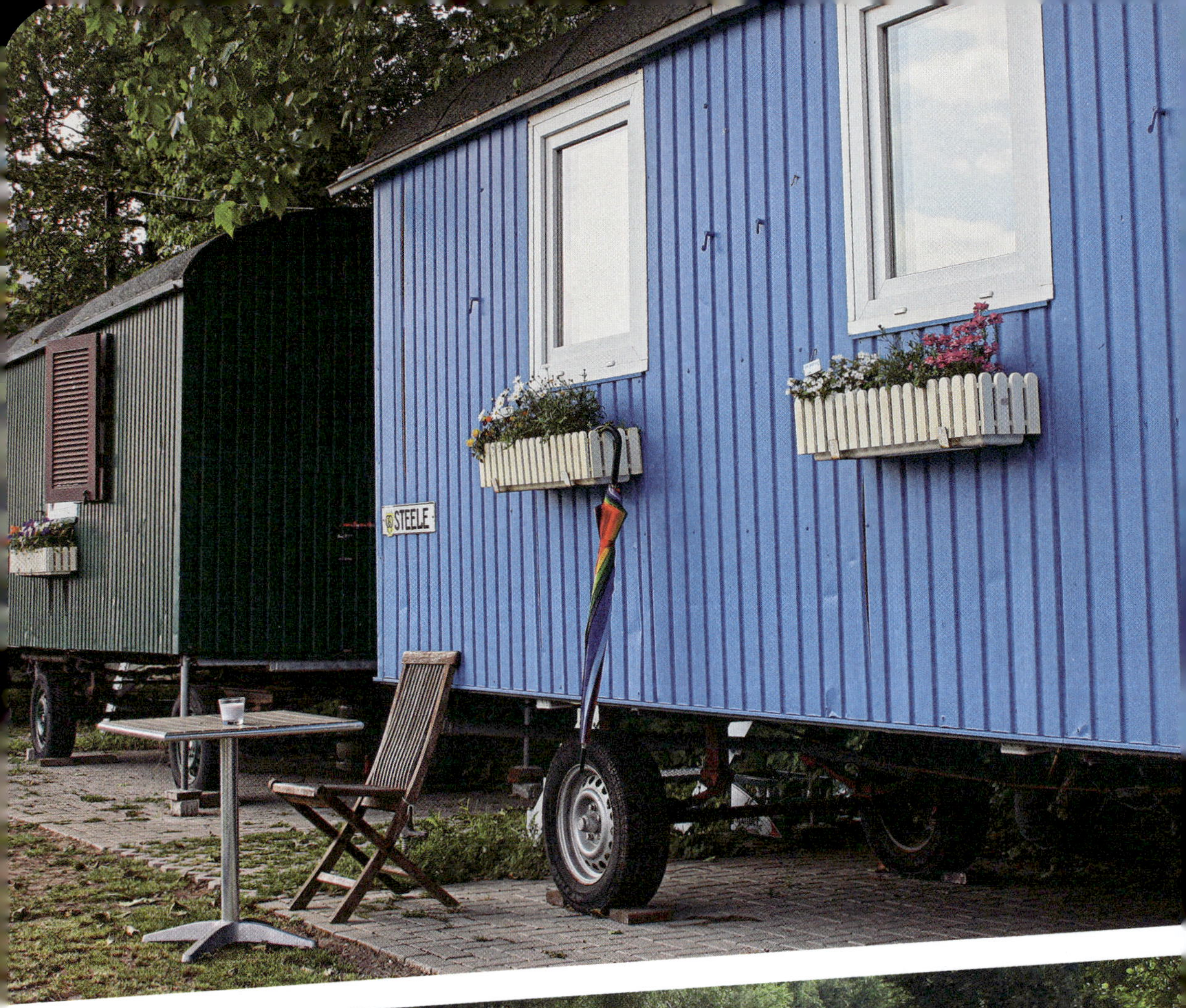
STEELE

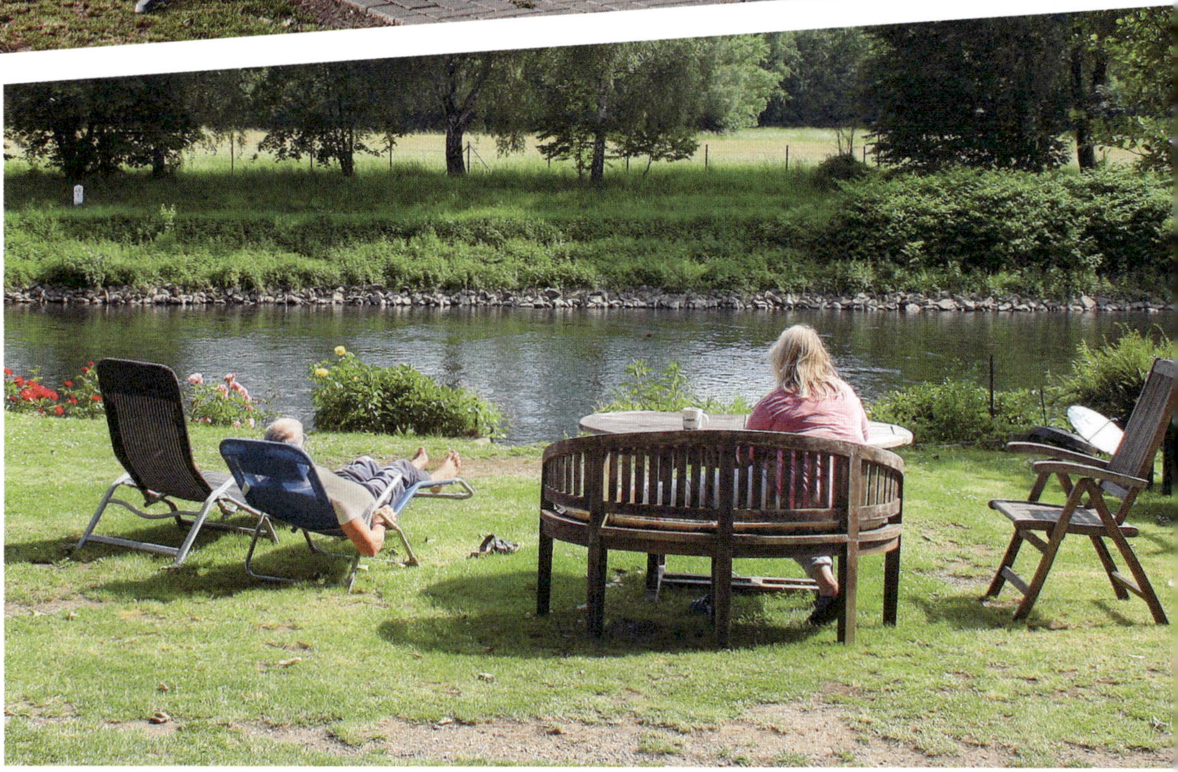

RUHR-MANTISCHE AUSZEIT

≥ ... an der Ruhr in Essen ≤

#31

Spätestens wenn abends die Grillen zirpen und der Klappstuhl mit Blick auf die glitzernd fließende Ruhr ausgerichtet ist, erreicht der Wohlfühlfaktor seinen Höhepunkt. Wer einen Kurzurlaub im Stil von Löwenzahn« erleben möchte, fühlt sich im Minihotel auf Rädern mit Sicherheit pudelwohl.

denen es beim Ruhrcamping allerdings nicht besonders viele gibt. Hier in der vermeintlichen Einöde tauchen diejenigen ab, die sich selbst genügen und Natur total lieben. Und dabei muss niemand auf Komfort verzichten. Die Bauwagen bieten alles, was man bei so einem kleinen Entschleunigungsurlaub braucht: bequemes Bett, Miniküche, eigene Toilette und sogar eine Heizung. Nur geduscht wird im Bootshaus nebenan. Nach Essener Stadtteilen wie Kray, Horst, Rüttenscheid und Werden sind die acht Bauwagen benannt, und bis zu vier Personen können jeweils darin schlafen. Bei schönem Wetter setzt man sich einfach gemütlich vor seinen Bauwagen und tankt auf beim Blick ins Grüne. Was braucht der großstadtgeschundene Ruhri mehr?

Ab und zu gleiten ein paar Kanufahrer über den Fluss, und am gegenüberliegenden Ufer kann man Radler auf dem Leinpfad beobachten. Ein paar Wasservögel ... und dann kommt lange nichts. Absolute Ruhe. Vielleicht noch ein Schwätzchen mit anderen Gästen, von

Zu langweilig? Bewegungshungrige lassen ein Kanu zu Wasser und paddeln los. Oder der Drahtesel wird gesattelt für eine Tour auf dem RuhrtalRadweg. Flussabwärts erreicht man in 15 Minuten das kleine Freibad Steele. Engagierte Vereinsmitglieder des SV Steele küm-

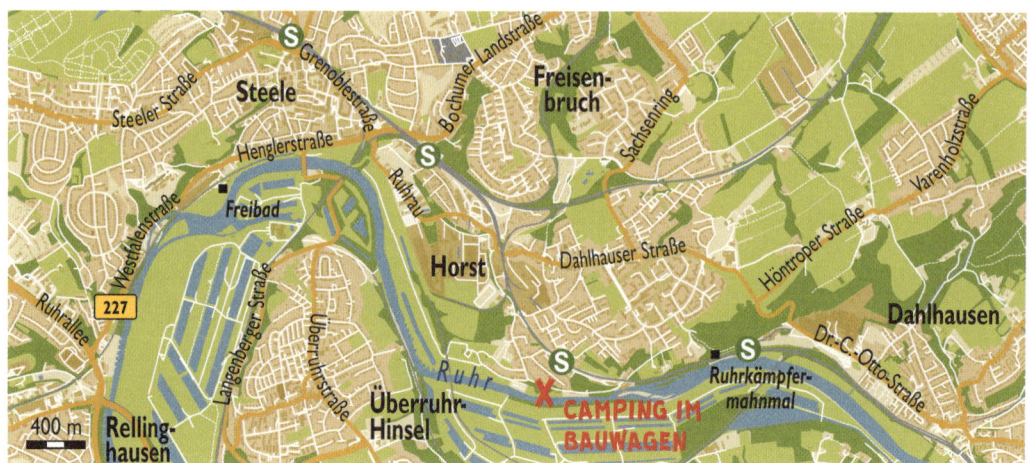

Die Magie des Bauwagendorfs liegt in seiner ungeahnten Idylle. Grün, so weit das Auge reicht, und irgendwie ehrlich, wie die Leute im Pott es nennen. Laut Belegungsplan leider keine Option für Kurzentschlossene.

mern sich seit 1945 um Pflege und Erhalt dieses familiären Kleinods. Halligalli braucht man in dem einzigen kleinen Becken nicht zu fürchten. Hier ziehen überwiegend Stammgäste mit Blick auf die Ruhr ihre Bahnen. Flussaufwärts

Hin & weg: Mit der S-Bahn bis Essen-Horst, von dort 10 Min. bergab bis zur Ruhr. Mit dem Rad: RuhrtalRadweg. Ruhrcamping, In der Lake 76, Essen.

Beste Zeit: April bis Oktober kann man die Bauwagen mieten. Im Sommer mit Outdoor-Entspannung, an kalten Tagen kann die Heizung angeschmissen werden.

Dauer: Schon ein langes Wochenende garantiert jede Menge Erholung und macht Lust auf mehr.

Ausrüstung: Das Einzige, was mitzubringen ist, sind Handtücher, Verpflegung und gute Laune. Fahrrad und Kanu vergrößern den Radius in der Natur.

Wenn es Nacht wird: Im Bauwagen von Ruhrcamping (www.ruhrcamping.de). Rechtzeitig buchen!

geht es höher hinauf. Ein toller Ausguck ist das Denkmal unmittelbar bei Schloss Horst.

Die meisten Gäste verlassen nur ungern das Wagendorf, denn die Idylle ist kaum zu übertreffen: grüne Wiese direkt vor der Bauwagenreihe, Gartenstühle für jeden und die Ruhr zum Anfassen nah. Keine fliegenden Fußbälle, weil die Wiese es einfach nicht hergibt. Der Schwenkgrill wandert übrigens von Gast zu Gast, je nachdem, wer ihn gerade braucht. Und wenn die Kohlen noch heiß sind, darf auch der Nachbar seine Würstchen mit drauflegen. So sind sie, die Kumpel im Pott.

FAZIT: PETER-LUSTIG-FEELING ZUM VERLIEBEN MIT UNGEAHNT ENTSPANNTER ATMOSPHÄRE AM FLUSS. AUS GAST WIRD KUMPEL.

HAUS AUF SEE

 ... in Xanten

32

Wenn die Sonne morgens auf der Wasseroberfläche glitzert und von Weitem die Vögel rufen, dann weiß man, dass man am richtigen Fleck ist. Auf dem vor Anker liegenden Hausboot startet sich der Tag irgendwie entspannter und leichter. Perfekt für einen Ausflug zur Bislicher Insel – die keine Insel ist.

Nach dem Einchecken auf dem eigenen Hausboot, sollte man die Natur und das neue Erlebnis erst ein wenig genießen und tief durchatmen – denn Xanten ist ein Luftkurort. Jetzt heißt es: sich an Deck in einen der Strandkörbe schmeißen, die Füße ins Wasser halten, die Nordsee umrunden oder auf einem der SUPs die Xantener Nordsee erkunden. Zum Abendessen kann man am Mini-Hafen der Nordsee einkehren, hier warten zwei Restaurants.

Am zweiten Tag wird sich wahlweise auf ein Fahrrad geschwungen oder die Region bei einem 14 Kilometer langen Spaziergang zu Fuß erkundet. Der Ausgangspunkt ist natürlich die Xantener Nordsee. Vorbei geht es auch an der Xantener Südsee, die mit einem Strandbad und vielen Wassersportmöglichkeiten im Sommer zahlreiche Besucher anlockt. Der weitere Weg führt am Römermuseum vorbei und man kann einen Blick auf den Hafentempel erhaschen. Nach wenigen Minuten zeigt sich schon die schöne historische Innenstadt von Xanten. Restaurants und Cafés laden ein zu einer gemütlichen Rast, bevor es weiter in Richtung Bislicher Insel geht. Vorbei an Feldern und Landwirtschaft merkt man schnell, wie sich das Bild verändert und die Landschaft immer »ruhiger« wird.

In einem ehemaligen Gehöft in der Mitte der Insel befindet sich ein Besucherzentrum, welches die Dauerausstellung »AuenGeschichten« beherbergt. Ein Besuch ist absolut empfehlenswert! Von hier aus geht es dann in das Naturschutzgebiet Bislicher Insel, das nur mit dem Fahrrad oder zu Fuß erreicht werden kann. Der 1200 Hektar große Landschaftsraum Bislicher Insel am linken Niederrhein zwischen Xanten und Wesel liegt in einer Alt-

Ob römische Spuren, Vogeltouren oder relaxen auf dem Wasser. In und um Xanten ist so einiges los! An einem Wochenende ist kaum alles zu schaffen, aber vielleicht bleibt man auch einfach etwas länger?

rheinschlinge. Den Inselcharakter – und den Namen – bekam sie, als um 1786 der Rhein durch den Bislicher Kanal im Norden begradigt wurde. Viele Vogelarten, auch solche, die vom Aussterben bedroht sind, finden hier einen idealen Lebensraum. Vom Aussichtsturm auf der Bislicher Insel kann man das komplette Areal und diese einzigartige Tier- und Pflanzenwelt überblicken. Viele Fotografen legen sich im Morgengrauen auf die Lauer.

Hat man die Bislicher Insel erkundet, lockt noch ein Abstecher mit der Fähre auf die andere Rheinseite in die Rheinauen. Für den Rückweg gibt es zwei Möglichkeiten: Entweder läuft man die Route wieder zurück zur Xantener Nordsee oder man nimmt den Bus

SL40 in Richtung Xantener Innenstadt. Hier kann man den Tag ausklingen lassen und später wieder auf das Hausboot zurückkehren.

Wenn am nächsten Tag noch Zeit ist, lohnt sich die Erkundung des Römermuseums. Einst war das Gelände die Schaltzentrale der römischen Macht im rechtsrheinischen Germanien. Von hier aus wurde die Eroberung des gesamten Gebietes geplant und betrieben.

FAZIT: EIN ABWECHSLUNGSREICHER KURZURLAUB, DER SOWOHL AM WASSER ALS AUCH IM NATURSCHUTZGEBIET MIT NEUEN PERSPEKTIVEN ÜBERZEUGT.

Hin & weg: Zur Xantener Nordsee kommt man gut mit dem Auto, jedes Hausboot hat auch einen eigenen Parkplatz. Mit dem Bus fährt man vom Bahnhof Xanten mit der Linie SL42 in 20 Min. zur Haltestelle Dahmenhofweg.

Beste Zeit: Zu jeder Jahreszeit schön! Im Sommer kann man schwimmen, im Winter locken die Graugänse Besucher an.

Dauer und Strecke: Ein Wochenende oder auch ein paar Tage länger inklusive einer Wanderung von 14 km.

Ausrüstung: Ausrüstung für eine Wanderung zur Bislicher Insel (www.rvr.ruhr), eventuell Fahrräder und Badesachen im Sommer.

Wenn es Nacht wird: Hier übernachtet man am besten stilecht auf einem der vielen schönen Hausboote an der Xantener Nordsee. Jedes Hausboot wird individuell vermietet, auf der Seite www.hausboote-xanten.de kann man die Verfügbarkeiten abfragen. Aber Achtung: Die Hausboote sind früh ausgebucht.

GROSSES GLÜCK AM KLEINEN WASSER

 ... die Krickebecker Seen am Niederrhein

 **# 33**

Wie ein Kleeblatt breiten sie sich aus, die vier Seen bei Nettetal: Schrolik und Poelvenn See, Hinsbecker und Glabbacher Bruch. Ein Paradies für Wasservögel. Und für Wanderer. Hier stellt sich großes Glücksgefühl ein. So ganz von allein.

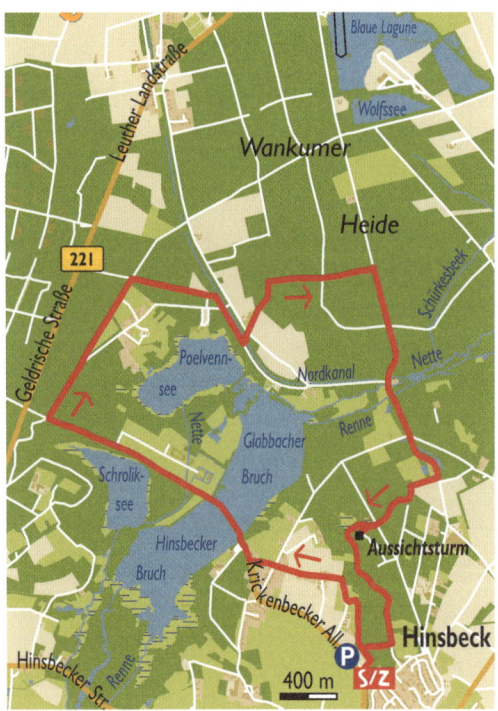

Bis ans Seeufer fahren, ja, das geht auch. Viel schöner ist es aber, am Wanderparkplatz in Hinsbeck zu starten – dort, wo ein eisernes Pferd den lokalen Kunstweg markiert – und mit einem lockeren Spaziergang zwischen Wiesen, Äckern und Wäldern zu beginnen. Schuhe festgeschnürt und los!

Mit Feldern zur Linken und den Hinsbecker Höhen zur Rechten geht es über den Hombergen in einem weiten Bogen auf die Seenlandschaft zu. Immer links halten, bis der Weg die Höhen verlässt und ein paar Häuser in Sicht kommen. Danach rechts und einfach den Kurven folgen, die den Wanderer schließlich auf die Krickebecker Allee entlassen. Dort erahnt man schon das Wasser, hört das aufgeregte Schnattern von Enten, das Fiepen von Rallen und Rohrsängern.

Wasser zieht alle Blicke auf sich: wenn es sich als weiter See ausbreitet, hinter herabhängenden Zweigen in der Sonne glitzert oder von kleinen Stegen überspannt wird. Das wirkt ungemein beruhigend und ist der perfekte Ort für eine kleine Auszeit vom Alltag.

Der Weg, der hier schon Schlossallee heißt, führt über einen Damm zwischen Hinsbecker und Glabbacher Bruch, beide kommen sich ganz nah, als wollten sie sich umarmen. Bevor man sich mitreißen lässt und in die Wasserwelt eintaucht, erst einmal innehalten. Breite Stufen führen hinunter ans Ufer des Hinsbecker Bruchs. Hier sitzt man ganz wunderbar, kann vespern, vor allem aber die erstaunliche Weite des Sees erfassen. Und die Vögel beobachten, die ihre Kreise ziehen, zum Fischen untertauchen und ihr Gefieder aufplustern. Für diesen kurzen Moment hat sich das Herkommen schon gelohnt.

Von der Schlossallee aus lassen sich die Ufer der beiden westlichen Seen entdecken. Öffnungen zwischen den Bäumen, kleine Stege, von denen jedoch nicht alle solide erscheinen, und schmale Sandbänke bieten immer neue Ausblicke. Eine in den Boden eingelassen Platte – einer von zahlreichen »Wasserblicken« im Naturpark Schwalm-Nette (www.npsn.de/wb) – fordert den Wanderer auf: »Lass dir was erzählen!« Nummer wählen, lauschen und erfahren, wie die Seen durch Abtorfung von Niedermooren entstanden sind, welche Tiere an und in ihnen leben und wie es um die Fauna bestellt ist.

Entlang des Bruchwalds ist bald das Schloss erreicht, das der Allee ihren Namen gegeben hat, sich aber im Grün versteckt hält. Rechts um den Poelvenn See herum geht es schließlich zurück zu den Hinsbecker Höhen. Dort steigt man behände auf den 28 Meter hohen Aussichtsturm Taubenberg, lässt sich noch einmal von der Seenlandschaft verzaubern und wandert dann das letzte Stück zum Ausgangspunkt.

Übernachten in den Holzlodges der Blauen Lagune am Wankumer Heidesee, der im Sommer wunderbar erfrischt. Und am nächsten Tag? Vom Strand der Blauen Lagune nur ein paar Kilometer weiter schlängelt sich ein netter Weg zur Wankumer Heide und an den Wolfssee, der gar nicht so furchteinflößend ist, wie sein Name klingt. Wer Lust hat, macht einen kleinen Abstecher über die Grenze zum ehemaligen Fliegerhorst Venlo-Herongen (www.fliegerhorst-venlo.net) – einem Lost Place mit spannender Geschichte!

FAZIT: KLEINE WOCHENENDAUSZEIT MIT GROẞEM GLÜCKSGEFÜHL BEIM WANDERN, VERWEILEN UND MIT VOGELBEOBACHTUNG AN DEN STILLEN SEEN.

Hin & weg: Wanderparkplatz Hinsbeck, Krickebecker Allee, Ecke Schloßstraße.

Dauer & Strecke: 2 Tage, Wanderung um die Seen 11 km.

Beste Zeit: Frühjahr bis Herbst.

Ausrüstung: Feldstecher, Wanderschuhe, Proviant.

Wenn es Nacht wird: Übernachten in kleinen Ferienhäusern und Holzlodges am Wankumer Heidesee (www.blauelagune.de).

SCHWIMMEN IM VULKAN-KRATER

⋝ ... im Gemündener Maar in der Eifel ⋜

 # 34

Der Sommer ist da! Endlich wieder in einem See schwimmen! Ein besonders schöner Badesee mit mystischem Flair ist das Gemündener Maar. Smaragdgrün, kreisrund – ein typischer Kratersee der Eifel.

Dieses kreisrunde Maar ist das kleinste der drei »Eifelaugen« bei Daun. Der 150 Meter hohe Kraterrand umschließt den See, sodass es am Badestrand des Naturfreibads angenehm windstill ist. Besonders Mutige können von einem hohen Sprungturm aus direkt in das Maar hineinspringen oder auch mitten in den See hinausschwimmen. Ein wirklich wunderbares Gefühl!

Auch einige bunte Boote treiben auf dem smaragdgrünen Wasser. Es geht nicht darum, irgendwo anzukommen – dazu ist der See viel zu klein. Es geht einzig und allein darum, den Tag zu genießen. Ein entspanntes Sommerfeeling stellt sich ganz von alleine ein. Natürlich tragen auch Liegewiese, Kiosk, eine schwimmende Insel und ein Nichtschwimmerbecken für die lieben Kleinen ihren Teil dazu bei.

Das Gemündener Maar formte sich vor etwa 30 000 Jahren durch eine vulkanische Dampfexplosion, die entstand, als glühende Lava direkt auf Wasser traf. Schlagartig entwickelte sich Wasserdampf und die dabei freiwerdende Energie war so stark, dass ein Krater in den Gesteinsuntergrund gesprengt wurde. Das umliegende Gestein wurde dabei geradezu pulverisiert. 70 Maare gibt es in der Eifel. Andreas Schüller vom Geopark Vulkaneifel sagt, dass die Vulkaneifel von unten durchschossen sei wie Schweizer Käse.

Wer Lust und Zeit hat, kann noch einen Spaziergang zum Waldcafé gegenüber vom Freibad machen (www.waldcafe-daun.de) und von dort aus auf den Spuren des Eifelsteigs bis zum Kraterrand hinaufsteigen. Oben liegen der Dronketurm und mehrere Picknickplätze

Blick vom Dronketurm auf das Gemündener Maar (links). Rast beim Waldcafé. Ziege auf dem Mäuseberg (rechts).

mit fantastischer Aussicht. Einen davon haben Ziegen besetzt. Aber was soll's, dafür halten sie hier das Gras schön kurz. Pilzfreunde finden auf der Wiese im August und September Parasolpilze. Ihre großen Schirme kann man im Ganzen mit Butter in der Pfanne braten. Sie schmecken köstlich auf einem Sandwich.

FAZIT: SCHWIMMERLEBNIS IN NATURIDYLLE – ERFRISCHEND IN JEDER HINSICHT!

Hin & weg: Parkplatz vor dem Naturfreibad Gemündener Maar, Maarstraße. Mit der RegioLinie 300 bis Haltestelle Maarstraße. 550 m Fußweg.

Beste Zeit: Mai bis September. Freibad-Öffnungszeiten über www.eifel.info

Dauer: 1 Tag.

Ausrüstung: Badesachen, Picknick, Sonnencreme …

Wenn es Nacht wird: Ab ins Landhotel Müller (www.landhotelmueller.de) in Daun. Das Naturfreibad ist vom Hotel aus gut zu Fuß erreichbar (1 km).

AUF WINNETOUS FÄHRTE

⋝ ... auf der Lahn ⋜

#35

Zwei Tage die Lahn entlangpaddeln. Da Halt machen, wo es gefällt, in schilfumrahmten Buchten und an Stegen kleiner Ortschaften. Auf halber Strecke bietet sich das entzückende Weilburg für eine Übernachtung an, bevor es am nächsten Morgen weitergeht – immer mit dem Strom.

Nur Fliegen ist schöner. Dicht gefolgt vom Paddeln auf der Lahn.

trauen. Denn für die Übernachtung und die Nutzung der sanitären Anlagen wird die Gebühr einfach in das Gästebuch gelegt. Nach Zeltaufbau und erfrischendem Radler zur Belohnung für die souverän gemeisterte erste Etappe bleibt genug Zeit für einen Streifzug durch Weilburg. Hoch oben mit bester Aussicht auf die Lahn thront das barocke Wahrzeichen der Stadt, das Schloss Weilburg. Drum herum erstreckt sich die Altstadt des staatlich anerkannten Luftkurortes mit ihren Fachwerkhäusern, verwinkelten Gassen und dem Marktplatz, der an warmen Abenden ohne Probleme mit italienischen Piazze mithalten kann.

Am nächsten Morgen offenbart sich das Weilburger Postkartenmotiv schlechthin schon durch das Fliegennetz des Zeltes. Frisch gestärkt und Proviant aufgefüllt? Dann auf geht's zur zweiten Etappe! Den Kanadier zu Wasser

Mit eleganten Flügelschlägen gleitet ein Graureiher vorbei. Im gleichen Rhythmus taucht das Paddel durch die Wasseroberfläche, in der sich bauschige Schäfchenwolken spiegeln. Beim Wasserwandern findet die Entschleunigung ganz automatisch statt. Gemächlich wird das Lahntal aus einer neuen Perspektive erlebt. Da heißt es in Leun ins Kanu steigen und immer weiter entlang des grüngesäumten Ufers paddeln (am beschaulichen Selters vorbei), Schleusen passieren und ruhige Buchten zum Rasten ausfindig machen.

Genau zur rechten Zeit, wenn die Arme müde werden, strandet das Boot am Nachmittag in Weilburg. Auf der idyllisch gelegenen Wiese des Rudervereins findet man das ideale Fleckchen, um das Zelt aufzuschlagen. Das Motto der Betreiber ist: Einfach nur mal ver-

Hin & weg: Zahlreiche Kanu-Verleihe bieten Mehrtagestouren zwischen Gießen und Limburg an – und holen das Boot am vereinbarten Ziel wieder ab. Die Lahnbahn tuckelt einen nach der Tour wieder zum Startpunkt.

Beste Zeit: Am schönsten im Hochsommer bei Kaiserwetter.

Dauer & Strecke: 2 volle Tage für etwa 27 km von Leun nach Aumenau einplanen.

Ausrüstung: Proviant, Wasser, Kopfbedeckung und Mückenspray.

Wenn es Nacht wird: Auf der Strecke bieten sich zahlreiche Übernachtungsmöglichkeiten, ob Hotel oder Campingplatz. Sehr zu empfehlen ist der Platz des Rudervereins Weilburg, idyllisch am Wasser gelegen mit Blick auf das Schloss (wip.weilburger ruderverein.de). Die Zeltwiese ist klein, aber fein; die Sanitäranlagen sind recht einfach.

Morgens aus dem Zelt kriechen und vom Schloss Weilburg begrüßt werden – einfach traumhaft.

gelassen und ab durch den Schiffstunnel und die Koppelschleuse in Weilburg. Sportliche Frühaufsteher paddeln am zweiten Tag vielleicht sogar bis Runkel, andere erreichen ihr Etappenziel schon im knapp 15 Kilometer entfernten Aumenau. Auch heute wartet wieder eine malerische Strecke mit eigenwilligen Stromschnellen und urwüchsiger Natur. Oft kommt einem an zwei Tagen gerade mal ein einziges kleines Motorboot entgegen. Die meisten halten es auf der Lahn wie Winnetou: Schweigend und besonnen im Kanadier sitzen, das Ziel irgendwo in der Ferne erspähen.

FAZIT: EIN BESONDERES NATURERLEBNIS MIT AMAZONAS-FEELING UND POSTKARTENANSICHTEN.

3. KAPITEL
IM SÜDEN

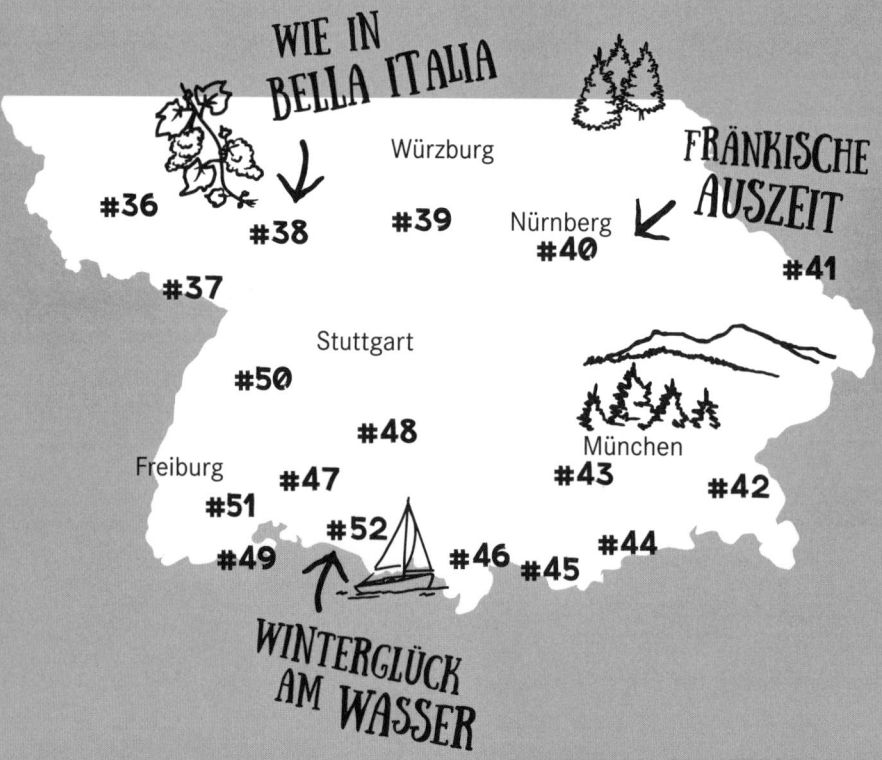

WIE IN BELLA ITALIA

Würzburg

FRÄNKISCHE AUSZEIT

#36

#38

#39

Nürnberg
#40

#41

#37

Stuttgart

#50

#48

München

#43

#42

Freiburg

#47

#51

#52

#46   #45

#44

#49

WINTERGLÜCK AM WASSER

Variantenreich

*Vom Pfälzer- bis zum Bodensee und von der Donauver-
sickerung bis zu den Wasserfällen im Bayerischen Wald
stehen herrliche Alltagsfluchten zu den verschiedensten
Gewässern bevor.*

#36	... am Bostalsee im Saarland	Seite 154
#37	... im Pfälzerwald	Seite 158
#38	... an der Blauen Adria in der Pfalz	Seite 162
#39	... auf der Tauber	Seite 166
#40	... rund um Roth bei Nürnberg	Seite 170
#41	... im Bayerischen Wald	Seite 174
#42	... in der Eggstätter Seenplatte	Seite 178
#43	... auf dem Pilsensee in Oberbayern	Seite 182
#44	... am Schronbach in den Alpen	Seite 186
#45	... am Eibsee bei Garmisch-Partenkirchen	Seite 190
#46	... in Oberjoch im Allgäu	Seite 194
#47	... entlang der Donauversickerung	Seite 198
#48	... auf der Schwäbischen Alb	Seite 202
#49	... den Rhein hinab	Seite 206
#50	... an und in der Murg im Schwarzwald	Seite 210
#51	... auf dem Schluchsee im Schwarzwald	Seite 214
#52	... in Hagnau am Bodensee	Seite 218

EIN BISSCHEN WIE AM MEER

 ... am Bostalsee im Saarland

Auf dem Strandtuch in der Sonne dösen. Sand zwischen den Zehen spüren. Segelbooten beim Schippern zuschauen. Bücher wälzen. Das Meer ist 500 Kilometer entfernt, doch am größten Freizeitsee Südwestdeutschlands im Norden des Saarlandes kommt Urlaubsstimmung auf.

#UrlaubamWasser #Seezeit #Sommerspaß #SchwimmenWandernRadfahrenLesen

Sundowner: Abendstimmung am Bostalsee.

Was steht heute an? Kein Plan. Ein tolles Gefühl! Ausschlafen. Frühstücken. Badetuch, Schwimmsachen, Sonnenbrille und ein Buch einpacken und ab ans Wasser, um den persönlichen Lieblingsplatz zu finden. Das fällt nicht leicht, es gibt so viele schöne Fleckchen am 120 Hektar großen Stausee.

Der Wanderweg rund um den See ist 6,8 Kilometer lang, der Radweg etwas länger. Sie führen von Strandbad zu Strandbad. Eines davon liegt im Westen, in Bosen, das andere im Osten, in Gonnesweiler. Wo es einem gefällt, erst mal auf der Liegewiese ausbreiten. Eine Runde im tiefblauen See schwimmen. Fußballgolf spielen (www.fussballgolf-bostal see.de). Den Beachvolleyball übers Netz schmettern. Sandburgen bauen. Ins rote Tretboot, den Schwan oder doch das Ruderboot steigen? Egal, Hauptsache, raus auf den See und den Blick übers Wasser schweifen lassen, über Ferienhäuser, Windräder, die Staumauer. Stand-Up-Paddlern beim Gleiten übers Wasser zuschauen. Die ersten Fahrversuche mit

Beim Miniurlaub am See ist für alles gesorgt.

Selbst kreativ sein und sich im Töpfern, Malen oder Kunstschmieden ausprobieren kann man im Kunstzentrum Bosener Mühle (www.bose ner-muehle.de). Kaffee und köstliche selbst gebackenen Kuchen gibt's gleich nebenan im Kunst- und Kulturcafé (www.kunst-kultur-cafe.de).

Gegen Abend wird es ruhiger auf dem Wasser. Dafür füllen sich die Gastrobetriebe rund um den See. Verhungern muss niemand, nur die Auswahl fällt schwer. Kiosk, Brasserie, Restaurant und Strandbar – alles da. Anschließend satt und zufrieden in die Falle hüpfen, um fit für den nächsten Tag zu sein. Was dann ansteht? Kein Plan. Einfach nach Lust und Laune nachholen, wofür man am Tag zuvor zu faul war – oder sich noch einen Tag an den See lümmeln.

Tipp: Von Oktober bis Ostern geht es hier viel ruhiger und entspannter zu. Wassersportler bleiben zu Hause, Ruhesuchende kommen. Dann heißt es: dick einmummeln, um den See spazieren und sich abends in exklusivem Ambiente aufwärmen. Infinity-Pool, Innen- und Außensauna, Massagen, Peelings und weitere Wellnessanwendungen bietet das Spa der Seezeitlodge auch externen Gästen (Montag bis Freitag, Anmeldung über www.seezeit lodge-bostalsee.de). Schöner könnte man die Zeit bis zum nächsten Sprung in den See wohl nicht überbrücken.

der Jolle beobachten. Stimmt, Segelboote leihen geht auch, sowohl zum Schnuppern für ein paar Stündchen als auch für ein ganzes Wochenende. Backbord, Steuerbord, Beiholer, Peerd – Segelsprache lernen inklusive.

Wem es zu trubelig wird, der kann sich auf Nordic-Walking-Routen, Fahrrad- und MTB-Strecken ausklinken. Auf Wanderwegen lässt sich das Umland mit seinen Wäldern, Bergen und reizenden Dörfern entdecken. Auf der Straße der Skulpturen gibt es Kunst zu bewundern. Zwischen Sankt Wendel, dem Bostalsee und Priesberg liegt eine Open-Air-Galerie mit 58 Kunstwerken, verteilt auf 21 Kilometer. Dafür braucht es einen halben Tag zu Fuß oder zwei Stunden mit dem Rad.

FAZIT: BADEN, WANDERN, RADFAHREN. DER BOSTALSEE IST DAS PERFEKTE ZIEL FÜR EINEN KURZURLAUB.

Tretboot oder doch lieber Segelboot? Oder beides nacheinander? Bootsverleiher und Strandbäder lassen echte Urlaubsstimmung aufkommen.

Hin & weg: Das Auto bleibt daheim. Mit einem Ticket der Deutschen Bahn geht es nach Türkismühle. Der See ist 3 km entfernt. Das ist zu Fuß mit kleinem Reiserucksack gut machbar. Auch die Buslinie R11 steuert auf der Strecke Nohfelden–Türkismühle–Bosen–Selbach die wichtigsten Standorte am See an.

Beste Zeit: Ganzjährig. Wassersport am besten von Mai bis Oktober. Besonders schön sind Wanderungen im Herbst durch den bunten Laubwald.

Dauer: Mindestens ein Wochenende, besser ein verlängertes.

Ausrüstung: Einen kleinen Tourenrucksack mit allem, was man für einen Kurztrip ans Wasser braucht. Ein gutes Buch nicht vergessen. Wenn das eigene Rad zu Hause bleibt, Bosiland und Center Parcs Bostalsee verleihen diverse Radmodelle.

Wenn es Nacht wird: Campingplatz, Familienresort, Designhotel – je nach Geschmack und Geldbeutel finden sich zahlreiche Unterkünfte (Infos auf www.bostalsee.de).

IM REICH DER REIHER

 ... im Pfälzerwald

#37

Ein dunkler Teich mit schilfbewachsenen Ufern, ausgebreitet in einer weitläufigen Talaue, dahinter eine Hügelsilhouette. Dann und wann das Quaken eines Froschs, der Schrei eines Graureihers oder das Surren einer Libelle. Ansonsten: Stille. Das ist der Pfälzerwoog, der wohl schönste Woog des Pfälzerwaldes.

Vom Lindelskopf hat man einen schönen Blick über die freundliche Tallandschaft um Ludwigswinkel.

den Einstieg zu einem Skulpturenpfad, an dem der Holzkünstler Perry Sutton 33 geheimnisvolle Holzfiguren installiert hat, die Geschichten und Mythen der Region lebendig werden lassen. Rechts herum geht es am Hang des Lindelskopfes entlang, bis man auf das gelbe Logo der Wasgau-Seen-Tour trifft. Dieser folgt man auf einem Serpentinenpfad durch einen prachtvollen Eichenwald hinauf auf den Lindelskopf, einen kleinen Aussichtsfelsen, und dann hinunter in die Talsenke mit dem Pfälzerwoog. Wer dort nicht zur Ruhe kommt, der findet sie nirgendwo.

Der Rückweg kann abgekürzt werden, indem man nach einem kleinen Aufstieg nicht dem gelben Logo nach links folgt, sondern geradeaus weiterläuft und so direkt auf den Skulpturenpfad stößt.

Tipp: Wer Lust auf eine längere Wanderung hat, kann sich gleich die Wasgau-Seen-Tour vornehmen, einen 21 Kilometer langen Premiumweg, der am Biosphärenhaus in Fischbach beginnt. Er verbindet mit nur geringen Anstiegen die vielen Gewässer der Region.

Rund 1000 meist künstlich angelegte Stillgewässer, in der Pfalz als Wooge bezeichnet, mit einer jahrhundertealten Geschichte gibt es im Pfälzerwald. Die dorfnahen trugen als Fischweiher zur Nahrungsversorgung der Bevölkerung bei, die abgelegenen dienten zum Wässern von Wertholz oder speisten die Holztriftbäche. Heute, da ihre wirtschaftliche Bedeutung zurückgegangen ist, erfreuen die Wooge Erholungssuchende als Badeweiher oder als willkommene Abwechslung im Grün der Wälder. Der Pfälzerwoog liegt »In de Hecke«, wie die Einheimischen liebevoll das Gebiet um Fischbach und Ludwigswinkel nennen. Hier, unweit der französischen Grenze, drehen sich die Uhrzeiger langsamer als anderswo.

Am Freizeitgelände Birkenfeld überquert man die wenig befahrene Straße und findet gleich

---

Hin & weg: Bahnhof Hinterweidenthal, Buslinien 252 und 251 über Dahn nach Ludwigswinkel, Haltestelle Post, 10 Min. Fußweg zum Freizeitpark Birkenfeld. Oder mit dem Auto zum Freizeitpark Birkenfeld.

Dauer & Strecke: 1,5 Std. reine Gehzeit plus lange Pause, um in die Natur hineinzuhören, 5,8 km.

Beste Zeit: Ganzjährig.

Ausrüstung: Leichte Wanderschuhe.

Wenn es Nacht wird: Hotel-Restaurant Blick zum Maimont (www.maimont.com) in Ludwigswinkel.

Wer den Pfälzerwoog besucht, nimmt sich die Zeit, um auch die kleinen Wunder der Natur am Wegesrand zu genießen – den Schilfgürtel, die Wasserpflanzen, ein Spinnennetz im Ufergras.

Und noch ein Tipp: Nicht nur Familien mit Kindern schätzen den Ludwigswinkler Barfußpfad – ein unterhaltsames Sinnenerlebnis inmitten einer weitläufigen Talaue. Am Kiosk des Freizeitparks Birkenfeld holt man sich für wenig Geld eine Eintrittskarte, stellt seine Schuhe ab und nimmt, da man nicht weiß, wie lange man sich auf dem Barfußpfad amüsieren wird, noch eine kleine Stärkung zu sich.

FAZIT: EIN VERSCHWIEGENER WEIHER – DER IDEALE PLATZ ZUM ENTSPANNEN.

LA DOLCE VITA

... an der Blauen Adria in der Pfalz

#38

Wie gut, dass hier mal jemand Kies abgebaut und so nebenbei die Blaue Adria erschaffen hat. Mit seinen Sandstränden, Dünen und Ferienhäusern versprüht das Naherholungsgebiet regelrecht mediterranes Flair. Italienurlaub für alle, ganz ohne lange Anreise!

Frühaufstehen lohnt sich: Frühmorgens ist am Strandbad am Mittelweiher nämlich noch nicht viel los.

Stilecht ist die Anfahrt zur Blauen Adria mit der Rheinfähre (www.rheinfaehre-altrip.com). Bereits frühmorgens legt sie zum ersten Mal ab, die Mitfahrt kostet fast nichts, und das Urlaubsfeeling beginnt. Linksrheinisch geht's dann mit dem Rad in einer Viertelstunde zum Strand an der Blauen Adria. Ein Zahnarzt aus Heidelberg sorgte in den 1950er-Jahren dafür, dass das brachliegende Gelände um die Baggerseen zum Naherholungsgebiet umgestaltet wurde – das damalige Reiseziel Nr. 1 aller Deutschen wurde zum Namensgeber, und verleiht dem Seenge-

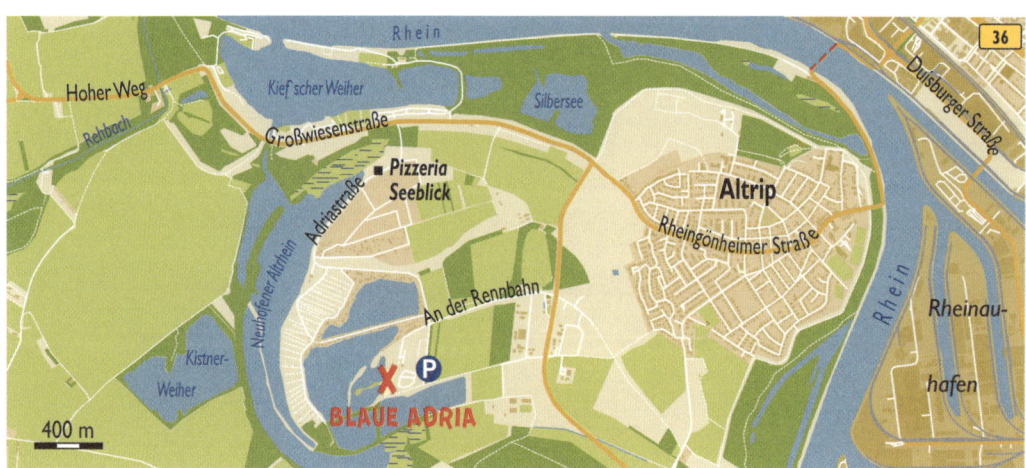

An der Blauen Adria können auch Schwäne, Gänse und Enten ungestört ihre Morgenrunden im klaren Wasser drehen.

biet bis heute einen gewissen Touch Retro-Italien-Charme.

Baden lässt es sich am besten in der Nähe des Kiosks am Mittelweiher, der mit seinem breiten, flach abfallenden Strand wie dafür geschaffen ist, den lieben langen Sommertag in der Sonne zu fläzen. Während hier an den Wochenenden viel los ist, lohnt sich ein extra Urlaubstag unter der Woche allemal. Frühaufsteher haben den Strand mit etwas Glück für sich allein, abgesehen von den laut schnatternden Gänsen und Enten, die hier durchs Wasser gleiten. Jetzt erst mal eine Runde durch den Baggersee! Vom Handtuch aus kann man dann schon mal entspannt beobachten, wie sich der Strand langsam füllt. Am Kiosk gibt es Eis und Getränke, für Kinder auch einen kleinen Spielplatz.

Wenn es dann doch langweilig wird, bietet sich ein ausgedehnter Spaziergang zu den Nachbarseen an. Zum Jägerweiher nebenan beispielsweise, der mit seinen grün bewachsenen Ufern und dem kristallblauen Wasser ganz friedlich in der Sonne funkelt. Oder eine Runde an den Neuhofener Altrhein, an dessen nördlicher Spitze die Pizzeria Seeblick Hungrige stilecht mit Pizza und Pasta versorgt (www.facebook.com/pizzeriaseeblick).

So lässt es sich bis zum späten Nachmittag aushalten, wenn die Sonne schon tiefer über dem Wasser steht und die Schatten länger werden. Hat sich die Hitze des Tages verzogen, schippert die Altriper Rheinfähre zurück Richtung Alltag.

FAZIT: BLAUE ADRIA, SANDSTRAND, EIS UND PIZZA – EIN TAG ITALIENURLAUB IST NUR EINE FÄHRFAHRT ENTFERNT.

Hin & weg: Mit dem Fahrrad auf der Rheinfähre von Mannheim nach Altrip, anschließend 15 Min. zum Strand.

Beste Zeit: Im Sommer, am besten an einem Wochentag.

Dauer & Strecke: Einen entspannten Strandtag lang; die Fahrtzeiten der Fähre beachten.

Ausrüstung: Fahrrad, Fahrradhelm, Badesachen, Sonnenschutz und einen italienischen Krimi fürs Adria-Feeling.

Wenn es Nacht wird: Fast direkt am Strand gibt es einen Campingplatz (www.campingplatz-blaue-adria-altrip.de).

50 SHADES OF GREEN

… auf der Tauber

 **#39** *Sich einfach treiben lassen, während ein Urwald aus Grüntönen langsam vorbeizieht: Bei einer zweitägigen Tour auf der Tauber warten hinter jeder Biegung des mäandernden Flusses ein neues Gesicht der wilden Wasserlandschaft und ein neues aufregendes Abenteuer.*

Die Tauber wird oft im Rahmen von Eintages-touren befahren. Schade, ist sie doch so einzigartig und spektakulär. Intensiver erleben lässt sich die traumhafte Flusslandschaft auf einer zweitägigen Tour. Startpunkt ist Bad Mergentheim. Hier kann man bei Kanu-Touristik Drescher ein Boot mieten (www.kanu-touristik-drescher.de).

Nachdem das Gepäck wasserfest verstaut wurde, erhält man Informationen zur geplanten Strecke, dann wird auch schon das Boot zu Wasser gelassen. Anfänger erhalten eine Einweisung ins sichere Einsteigen und den Paddeleinsatz. Auf der gesamten Strecke beschatten hohe Bäume die meist langsam fließende Tauber – im Wechselspiel aus Sonne und Schatten taucht man zum ersten Mal das Paddel ins Wasser.

Grün in endlosen Farbabstufungen rahmt die Tauber ein und erschafft einen Mikrokosmos voller Vogelstimmen, akrobatischer Libellen und plätschernden Wassers.

Das erste Wehr ist schnell erreicht, man umgeht es über Land. Kurz darauf kommt auch schon das erste kleine Abenteuer in Sicht: ein Schrägwehr, das man mit Schwung hinabgleitet. Für die nächsten Kilometer kann man sich nun ganz der traumhaften Umgebung widmen.

Die Welt außerhalb des Flusses verschwindet hinter einem dichten Blättervorhang, der leise im Wind rauscht. Einige Bäume neigen sich tief über das Wasser, und sehen sich ihre Besucher aus nächster Nähe an. Beinahe lautlos gleitet man durch diese urwaldgleiche Natur, umgeben von endlosen Grünschattierungen. In diesem Mikrokosmos tummeln sich die unterschiedlichsten Tiere. Mit etwas Glück kann man am Ufer Schildkröten sehen, und im Wasser schwimmen Fische und Frösche um die Wette. In den Sommermonaten lassen sich Libellen wie Mosaikjungfern und Prachtlibellen in großer Zahl beobachten, und Eisvögel jagen entlang des Flusses kleine Fische und Insekten.

Es lohnt sich, die Paddel hin und wieder ruhen und sich an der faszinierenden Flusslandschaft vorbeitreiben zu lassen. Jede Biegung hält eine neue Überraschung bereit: eine schnatternde Entenfamilie, ein seichter Flussabschnitt oder etwas Nervenkitzel bei einer flotteren Passage. Schließlich fährt man bei Lauda den Kanal bis zum Ausstieg entlang. Am besten kurz vorher den Kanuverleih anrufen: Er gibt Bescheid, wo man das Boot für die Nacht liegen lassen kann. Das übrige Gepäck darf mit zur Unterkunft.

Am nächsten Morgen wird das Boot wieder beladen, und man taucht ein zweites Mal in die einzigartige Landschaft der Tauber ein. Erneut wartet hinter jeder Biegung der wunderbare Reiz des Unbekannten.

Man kann sich an der beeindruckenden Umgebung und den Grüntönen kaum sattsehen. Man sollte deshalb selbst entscheiden, wie lange und wie weit man fahren möchte. Es empfiehlt sich, dies im Voraus mit dem Kanuverleih abzusprechen. Wem etwa die halbe Strecke des Vortags genügt, der zieht das Boot in Dittigheim an Land und kontaktiert anschließend den Verleih bezüglich der Abholung.

Hin & weg: Von der B19 nach Bad Mergentheim abbiegen, an der ersten Kreuzung nach rechts und dann gleich wieder links abbiegen.

Dauer & Strecke: Für die 14 km am ersten Tag braucht man mit Einweisung und gelegentlichem Treibenlassen ca. 4,5 Std., am zweiten Tag sollte man für die 7,5 km ca. 2 Std. einplanen.

Beste Zeit: Mai bis August, im Sommer kann das Wasser sehr niedrig sein, was aber auch seinen Reiz haben kann.

Ausrüstung: Bequeme Kleidung, die auch nass werden darf, Wechselkleidung für den Abend, ggf. Aquaschuhe, Sonnenschutz, ausreichend Wasser und einen Snack für unterwegs.

Wenn es Nacht wird: Der altdeutsche Gasthof Goldener Stern liegt nur 900 m vom Ausstieg an der Tauber entfernt (www.goldener-stern-lauda.de).

> **FAZIT: MAL BREIT, MAL SCHMAL, MAL SCHNELL, MAL LANGSAM: ABER IMMER IST DIE TAUBER GRÜN, WILD UND UNHEIMLICH ÜBERRASCHEND.**

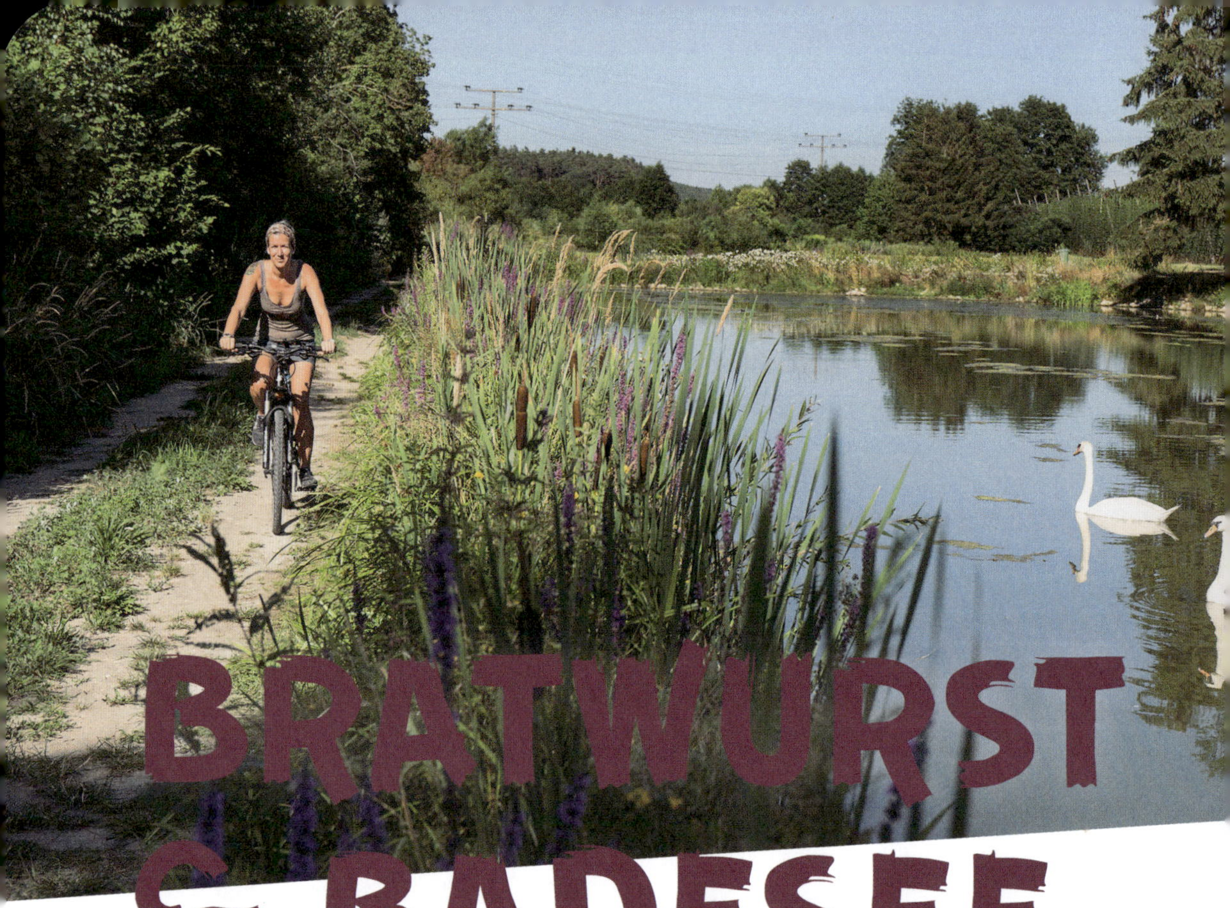

BRATWURST & BADESEE

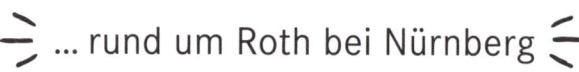

... rund um Roth bei Nürnberg

#40

Auf der rund 42 Kilometer langen Radtour rund um Roth gibt es malerische Altstädte und Hopfengärten, aber auch idyllische Weiher zu entdecken. Ansonsten steht diese Tour ganz im Zeichen der fränkischen Bratwurst.

#Burgblicke #malerischeAltstädte #imHopfenparadies #allesBrodwoschd

Das historische Wasserrad in Georgensgmünd arbeitet auch heute noch.

Der Trend zum geschmückten Weihnachtsbaum machte Roth einst berühmt. Der in der fränkischen Stadt hergestellte Baumschmuck war weit über die Grenzen Deutschlands hinaus bekannt und begehrt. Im Zweiten Weltkrieg wurde er aus Propagandagründen sogar bis nach Stalingrad geflogen. Heute ist Roth vor allem Triathleten ein Begriff: Jährlich findet hier die Roth Challenge statt.

Die Radtour führt von der malerischen Rother Altstadt über Wald- und Wiesenwege zunächst nach Abenberg. Seine Altstadt innerhalb der historischen Stadtbefestigung ist sehenswert, außerdem laden zahlreiche kleine Cafés und Restaurants zum Verweilen ein. In spektakulärer Kulisse thront die Burg Abenberg (www. hotel-burg-abenberg.de) auf einer kleinen Bergkuppe über der Stadt. Sie beherbergt heute ein Hotel und Restaurant, aber auch das Haus fränkischer Geschichte. Ein Besuch lohnt schon alleine wegen des Ausblicks vom Burgturm, denn der ist wirklich grandios. Einmal im Jahr findet hier ein Festival der besonderen Art statt, das Feuertanz-Festival mit Mittelaltermarkt, Mitternachtskonzert und Gauklern. Auch Konzerte renommierter Künstler locken auf die Burg, an anderen Tagen ist es hier jedoch nie überlaufen.

Anschließend führt der Weg wieder hinunter und auf der Straße am Badeweiher vorbei nach Obersteinbach ob Gmünd. Die kleine Gedenkkapelle im Ort kann auf Wunsch besichtigt werden, der Nachbar sperrt gerne auf. Es geht weiter, vorbei an idyllischen Weihern,

Herrlich entspannen lässt es sich unterwegs an einem der zahlreichen Fischweiher oder nach der Radtour im kleinen Park im Innenhof des Schloss Ratibors. Kurios, aber sehenswert ist das Stadtmuseum im Inneren.

in denen sich Schwäne tummeln, und durch die Hopfengärten in Richtung Spalt. Das Örtchen entzückt mit verwinkelten Gässchen und hübschen Fachwerk- und Hopfenhäusern. Ein Besuch des HopfenBierGut-Museums lohnt sich ebenfalls, um mehr über den bekannten

Spalter Aromahopfen und die Biergeschichte zu erfahren.

Nun wird nach Georgensgmünd weitergeradelt, dabei passiert man das historische Wasserrad an der fränkischen Rezat. Jetzt sind es

nur noch rund 10 Kilometer zurück nach Roth, doch ein Abstecher nach Rittersbach ist ein lohnender Umweg. Dort steht das erste Bratwursthotel der Welt. Es verzückt seine Gäste nicht nur beim Abendessen mit der typisch fränkischen Spezialität, auch bei der Zimmerdeko dreht sich alles um die Bratwurst. Nach einer Nacht unter dem Bratwursthimmel und einem ausgiebigen, ebenfalls bratwurstigen Frühstück deckt man sich am besten gleich nebenan in der dazugehörigen Metzgerei Böbel mit Proviant für den Weg ein. Die letzten Kilometer zurück nach Roth sind nun ein Kinderspiel. Dort angekommen, bleibt noch genügend Zeit, die Altstadt mit ihren schicken Fachwerkhäusern zu erkunden und das Museum im Schloss Ratibor zu besuchen. Zum Abschluss empfiehlt sich ein leckeres Eis im Eiscafé Primavera. Mit Blick auf den Marktplatz kann man die Radtour eisschleckend Revue passieren lassen, bevor man den Weg nach Hause antritt.

Hin & weg: Mit Zug oder S-Bahn von Nürnberg aus bzw. mit dem Auto nach Roth.

Dauer: 2 Tage und ca. 42 km mit dem Fahrrad.

Beste Zeit: Zu jeder Jahreszeit möglich, aber besonders schön im Frühjahr und Sommer.

Ausrüstung: Fahrrad, Radkarte.

Wenn es Nacht wird: Ein Zimmer im Bratwursthotel (www.umdiewurst.de) in Rittersbach mieten. Hier dreht sich nicht nur beim Essen alles um die fränkische Spezialität, man schläft auch unter einem Bratwursthimmel.

FAZIT: SCHÖNE UND SPORTLICHE RADTOUR DURCH ABWECHSLUNGSREICHE LANDSCHAFT UND HISTORISCHE STÄDTCHEN. DAS ZIEL IST DIE BRATWURST!

1 UND 1 UND 1 MACHT 5

≥ ... im Bayerischen Wald ≤

#41

Zusammen ist man weniger allein – das denken sich vielleicht Schwellbach, Kleinhüttenbach und Wildauerbach. Am Fuße des Großen Arbers treffen diese munteren Flüsschen aufeinander und stürzen gemeinsam als Riesbach weiter die Schlucht hinab. Auf ihrer wilden Talfahrt nach Bodenmais schaffen sie die höchsten Wasserfälle des Bayerischen Walds.

In fünf Kaskaden stürzt der Riesbach in die Tiefe. Der Weg nach oben ist teils sehr steinig, aber machbar.

Müsste man dieser Wanderung ein Geräusch zuteilen, es wäre das Rauschen. Der Riesbach begleitet einen fast die ganze Strecke über. Man folgt ihm bachaufwärts bis zu den Wasserfällen, wo das Geräusch noch einnehmender wird und der Mensch noch stiller. An Regentagen und nach der Schneeschmelze ist es in diesem Naturschutzgebiet so laut, dass kein Wanderer dagegen ankommt.

Für die Bahnfahrer beginnt der Wanderweg Nr. 2 bereits am Bahnhof in Bodenmais, während Autoreisende am Wanderparkplatz Rieslochfälle einsteigen können. Der Weg bringt einen direkt zu den Wasserfällen. An fünf Kaskaden kommt man vorbei, das Ergebnis des Aufeinandertreffens des Schwell-, Kleinhütten- und Wildauerbachs. Der unterste Fall ist dabei mit 15 Metern der höchste. 1,6 Kilometer lang ist die V-förmige Schlucht, durch die sich der Riesbach windet – so lautet der Name des Bachs, der nach der Vereinigung der drei Bergbäche entsteht.

An umgefallenen Buchen lässt sich besonders oft ein tellergroßer, runder Pilz entdecken: Der Zunder liebt die Rinde der ehemaligen

Hin & weg: Bahnhof Bodenmais oder Wanderparkplatz Rieslochfälle (der hintere ist kostenlos).

Dauer & Strecke: 3 Std., ca. 8 km.

Beste Zeit: Immer. Die Wasserfälle sind nach einem Regenschauer noch beeindruckender, aber Vorsicht, der Weg ist dann rutschig.

Ausrüstung: Feste Schuhe, Trinken und Essen für Pause an den Wasserfällen.

Wenn es Nacht wird: Wer hoch hinauswill, steigt von den Rieslochfällen aus zum Gipfel des Großen Arbers auf und übernachtet dort (arberschutzhaus. de). Ansonsten www.bodenmais.de > Übernachten.

Nebenbäche speisen den Riesbach mit Wasser – auch den Nadeln steht es gut!

Riesen, für ihn ist es überlebensnotwendig, dass tote Baumstämme nicht »aufgeräumt« werden. Das Riesloch ist seit 1939 Naturschutzgebiet, in dem Reservat bleibt der Wald sich selbst überlassen. Es wird so wenig wie möglich eingegriffen, um so das Entstehen eines »Urwalds« zu fördern. Auf dem Weg zu bleiben, sollte am Großen Arber also selbstverständlich sein, zumal hier so seltene Arten wie der Weißrücken- und der Dreizehenspecht eine Heimat gefunden haben.

Über dem Wasser rauscht noch etwas anderes: Am Aussichtspunkt Schweiklruh, der ein paar Höhenmeter über den Kaskaden liegt, streicht der Wind durch die Baumwipfel. Ein Wanderweg bei den Wasserfällen zeigt an, wo man langzulaufen hat, um zu der Bank hoch über Bodenmais zu gelangen, wo es sich gemütlich sitzend die Zeit vergessen lässt.

EISZEIT-SEEN UND LIBELLEN

≥ ... in der Eggstätter Seenplatte ≤

#42

Ein wenig entrückt wirkt das älteste Naturschutzgebiet Bayerns, die Eggstätt-Hemhofer Seenplatte. Eine schöne Rundtour erschließt die Landschaft nördlich des Simssees. Dort gibt es versteckte Buchten, Wasservögel und Libellen. Die Badesachen sind mit dabei für verschiedene Schwimmstopps.

Land und Wasser sind hier eng verzahnt: Die Eggstätter Seenplatte besticht durch ruhige Wanderwege auf Waldboden und weltentrückt anmutende Badeplätze.

Es ist eine Landschaft, die völlig »unberglerisch« daherkommt und die eher an die Seenregionen in Mecklenburg-Vorpommern erinnert. Kein Wunder, denn der Entstehungsprozess ist ähnlich. Die letzte Eiszeit vor mehr als 10 000 Jahren ist für die Formung der Seenplatte verantwortlich. Inn-, Prien- und Chiemseegletscher berührten sich in ihren Zungenbereichen genau dort, wo heute der große Biotopverbund mit den Seeoner Seen besteht.

Gesteinsschutt wurde aufgeschoben zu Moränenwällen und Eisrandterrassen, heute die Kuppen und Mulden des Gebiets. Riesige Eisblöcke blieben in der Landschaft, abgelöst vom Hauptstrom der Gletscher. Sie tieften sich ein, schmolzen aber und hinterließen sogenannte Toteislöcher entweder als trockene Mulden oder als kleinere und größere Seen. Durch Sedimentierung entstanden wasserundurchlässige Schichten am Grund des mit Wasser reichlich gesegneten Gebiets. Sümpfe und Moore bildeten sich heraus, und heute sehen wir ein urtümliches, nacheiszeitliches Landschaftsgesamtkunstwerk.

Die Seenplatte beherbergt ein Mosaik hochwertiger und zerbrechlicher Lebensräume. Es gibt eine Vielzahl von Wasserflächen, Schwingrasen, Schwimmblatt- und Verlandungszonen, Quellen, Tümpel, Bäche und Auen, Moorgebiete und lichte Laubmischwälder. Hier leben viele seltene Wasservögel, Amphibien und über 40 verschiedene Libellenarten wie die vom Aussterben bedrohte Zierliche Moosjungfer.

Hin & weg: Mit dem Auto über Bad Endorf Richtung Eggstätt, Parkplatz am Schloss Hartmannsberg.

Dauer & Strecke: Reine Gehzeit 2,5 Std., 10 km. Das Geheimnis liegt im Flow – Zeit lassen!

Beste Zeit: Am schönsten zur Badesaison.

Ausrüstung: Leichte Wanderschuhe und Badesachen.

Wenn es Nacht wird: Landgasthof zum Sägwirt in Oberulsham bei Eggstätt - typisch bayerisch und urig (www.saegwirt.de, Tel. 08056 346).

Das Gebiet lässt sich am besten zu Fuß entdecken. Wanderwege führen entlang der Seen und durch die reizvollen Waldbestände. Das Auto lässt man am Schloss Hartmannsberg und läuft erst einmal zum Kesselsee mit seinen riesigen Karpfen. Dann um den Hartsee herum, dort gibt es am Nordufer ein Freizeitgelände mit Kiosk. Die Trilogie der Badeseen schließt der Schloßsee ab, von hier aus bietet sich noch ein uriger Einkehrschwung beim Brandlwirt in Hemhof an.

Tipp: Vielleicht gibt es beim Kramerwirt (www.hubbi.net), den hier alle nur als »Hubbi« kennen, abends noch Kabarett oder ein Konzert?

FAZIT: RUHIGE WANDER- UND BADEZEIT IN LEICHT ENTRÜCKTER LANDSCHAFT.

SUP IST SUPER

>‹ ... auf dem Pilsensee in Oberbayern ›‹

#43

Urlaub vor der Haustür? Nichts einfacher als das: Ab zum nächsten See, aufs Board steigen, rauspaddeln, abschalten. (Nicht nur) für Neulinge des Trendsports Stand-up-Paddeln ist der Pilsensee ein ziemlich idealer Spot mit großem Entspannungsfaktor.

Besonders stimmungsvoller Moment am ruhigen Pilsensee: in den Sonnenuntergang paddeln.

Lässt es sich an einem dieser sommerlichsten aller Sommertage überhaupt irgendwo besser aushalten als an, in und auf dem Wasser? Wenn am Nachmittag kein Lüftchen mehr geht, spenden die Bäume im Strandbad in Seefeld angenehm kühlenden Schatten. Und wenn es selbst dort zu warm wird, helfen ein paar erfrischende Schwimmzüge im Wasser. Nun wird im Pilsensee aber schon lange nicht mehr nur geschwommen. Mindestens genauso gut lässt sich das Stand-Up-Paddling (SUP) erlernen: Wirklich neu ist Stehpaddeln nicht. Schon die polynesischen Fischer bewegten sich auf dem Meer rund um Tahiti stehend auf ihren Kanus. Viel später besannen sich Surfer auf Hawaii auf diese alte Technik, um mithilfe des Paddels schneller vom Ufer zu ihren geliebten wellenbrechenden Riffen zu gelangen. Von Wellen kann an SUP-Idealtagen am Pilsensee wirklich keine Rede sein. Er ist das zweitkleinste der fünf namensgebenden Gewässer des Fünfseenlands. Gerade das macht ihn für Anfänger besonders interessant. Recht gutmütig kommt er daher und verheißt neben einer Menge Entspannung auch schnelle, kleine Erfolge: Mit dem SUP-Board in das seichte Wasser steigen, aufhocken, aufrichten und die ersten Paddelzüge durch das Wasser

Hin & weg: Von München aus S8 Seefeld-Hechendorf, von dort 20 Min. zu Fuß oder fix mit dem Rad.

Dauer: Ein Sommertag; davon – für den Anfang – 1–2 Std. SUPen.

Beste Zeit: Im Hochsommer.

Ausrüstung: Badesachen ... und die Sonnencreme nicht vergessen! SUP-Ausrüstung gibt es bei Bavarian Waters (www.bavarianwaters.com) am Campingplatz in Seefeld, direkt neben der Wasserwacht.

Wenn es Nacht wird: Am einfachsten ist es, direkt auf dem Campingplatz am Pilsensee zu bleiben (www.camping-pilsensee.de). Alternativen in Hechendorf.

ziehen – das andere Ufer scheint da selbst für SUP-Novizen gar nicht so weit entfernt. Auch in der Längsrichtung ist der See überschaubar. Einmal ausbalanciert und in Ufernähe probiert, steht einer spontanen Umrundung oder Durchquerung des Wassers gar nicht allzu viel im Weg. Zumal es keinen Schiffsverkehr auf dem See gibt. Die Grundlagen des SUPen sind beinah selbsterklärend, trotzdem ist ein kurzer Basiskurs hilfreich. Bei »Bavarian Waters«, einer der beiden SUP-Verleihstationen am Pilsensee, lernt man in rund zwei Stunden die Technik von Basisschlag, Bogenschlag und Cross-Bow kennen und erfährt, wie sich die anfänglichen Kippler auf dem Board abfangen lassen. Dann also: Das Paddel vorn neben dem Board ins Wasser stechen, nach hinten durchziehen und auf Fußhöhe aus dem Wasser heben. Abwechselnd ein paar Mal rechts, dann wieder links. Zu hören ist nur das leichte Strudelgeräusch, das beim Paddeln entsteht. Ansonsten schiebt sich das Board still durch das Wasser. Mit etwas Gleichgewichtssinn muss man auch keine Angst haben, ins Wasser zu fallen. Schwimmen können muss man natürlich trotzdem.

Eine ganz besondere Stimmung kommt auf, wenn in den Abendstunden die meisten Badegäste allmählich den See verlassen und sich die Sonne hinter dem westlichen Ufer davonmacht. Man wähnt sich beinahe auf einer einsamen Insel, wenn man dann mit dem Board durch den ruhigen See gleitet.

FAZIT: VIELLEICHT DER NEUE LIEBLINGS-SPORT? VON GEMÜTLICH BIS RICHTIG SPORTLICH GEHT SCHLIEßLICH ALLES.

GUMPEN- GENUSS

≥ ... am Schronbach in den Alpen ≤

#44

Eine Abkühlungsempfehlung für den Hochsommer gefällig? Ein paar Meter den Berg hinauf, noch ein wenig aufheizen in der Sonne und dann ... nichts wie hinein in eine der natürlichen Badewannen am Schronbach. – Ab in die Gumpe!

Der Schronbach wird von vielen kleinen und kleinsten Zuläufen gespeist. Allesamt sind sie - eiskalt!

nimmt man sich am besten etwas zu trinken, ein wenig Proviant und ein gutes Buch mit.

Der Weg zu den Gumpen am Schronbach ist denkbar einfach. Start ist an der kleinen Isarbrücke unterhalb des Sylvensteinstaudamms. Dort befinden sich sowohl Parkmöglichkeiten als auch eine Bushaltestelle, an der im Sommer immerhin je zweimal vormittags und abends der Bergsteigerbus hält, der sonst zumeist Karwendelwanderer von und nach Lenggries bringt.

Hinter der Brücke führt rechts ein Wirtschaftsweg in den Wald hinein. Die erste Rampe ist recht steil, hinter einer Haarnadelkurve wird es aber schnell gemütlicher. Nach etwa 20 Minuten und einem guten Kilometer ist auch schon alles geschafft. Nach links führt eine Abzweigung in eine Almwiese und dahinter zum Bach.

Zwei Fragen muss sich jetzt noch jeder selbst beantworten. Nummer eins: lieber auf die Almwiese unter das Rauschen der Bäume?

Spätestens an den Hundstagen, wenn selbst in und an den Bergen die Sommerhitze ihren Höhepunkt erreicht, ist auch die große Gumpenzeit eingeläutet. Die Zeit, in der sogar jeder sonst so Aktive gern mal das Wandern oder Radeln bleiben lässt und stattdessen ungestört ein paar Stunden oder gleich einen ganzen Tag im Halbschatten verbringt und hin und wieder ins kühle Nass steigt.

Gumpen versprechen eine der vielleicht lässigsten und in jedem Fall eine der erfrischendsten Arten, den Sommer in den Bergen zu genießen. Denn das Baden in einem der beckenartigen Strudeltöpfe, die vielerorts durch Sturzbäche auf den felsigen Untergrund erodiert wurden, ist im wortwörtlichen Sinne ... eiskalt. Um den Tag ausgiebig zu genießen,

Hin & weg: Bushaltestelle Sylvensteinsee (Kraftwerk). Alternativ mit dem Rad von Lenggries isaraufwärts und steil zurück über die Jachenau und das Café Landerermühle.

Dauer & Strecke: Für die Stippvisite 1 Std., tiefenentspannt 1 Tag, 1 km bis zu den Gumpen.

Beste Zeit: Hochsommer.

Ausrüstung: Badesachen, evtl. Wasserschuhe.

Wenn es Nacht wird: Die nächstgelegenen Unterkünfte finden sich in Fall, direkt am Sylvenstein-Stausee. Zimmer und Touristenlager auch im Gasthof Post in Vorderriß (www.post-vorderriss.de).

So richtig tiefenentspannend wird der Gumpengenuss, wenn man Zeit mitbringt – ganz viel Zeit. Im Laufe eines Tages lassen sich dann gleich mehrere Lieblingsplätze entlang des Schronbachs finden.

Oder ans Felsufer zum Rauschen des Bachs? Und Nummer zwei: lieber an ein flaches Stück Wasserlauf? Oder gleich an – und alsbald in – eine der ausgespülten Gumpen?

FAZIT: HOCHSOMMERLICHER BERGGENUSS? GUT – BESSER – GUMPE!

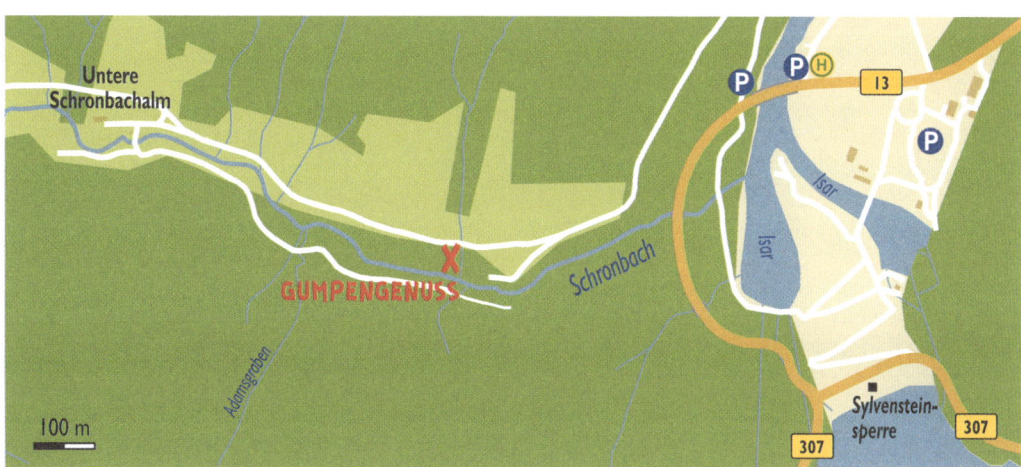

ALPEN-GLÜHEN

⟩ ... am Eibsee bei Garmisch-Partenkirchen ⟨

Augenblicke, in denen die Zeit stehen zu bleiben scheint. In denen die Welt sich verklärt. Ohne Frage: Das Alpenglühen fällt in diese Kategorie. Ein großartiges Naturspektakel und ein stiller Moment gleichermaßen.

Kann man sich an so einem Blick überhaupt satt-sehen? Als Fremdkörper in dem Idyll dürfte für manche Besucher die Superlativ-Stütze der 2017 in Betrieb genommenen neuen Zugspitzbahn gelten.

den Lieblingen unter den bayerischen Alpenseen. Das grandiose Aussehen verdankt er seiner Entstehung: Mit dem Rückzug des Isar-Loisach-Gletschers entstand eine Senke, die sich mit Wasser füllte. Später katapultierte ein gewaltiger Bergsturz riesige Mengen Geröll ins Tal, verformte mit gigantischen Energien die Senke und verlieh ihr ihre heutige Gestalt.

Untertags kann der Massentourismus dem Eibsee arg zusetzen. In den Abendstunden aber zeigt er sich – vor allem in der Nebensaison – von seiner stillen und zauberhaften Seite.

Will man diese Stimmung erleben, nähert man sich dem See am besten etwas antizyklisch und spaziert erst los, wenn die Touristen aus aller Welt schon wieder auf den großen Parkplatz der Zugspitzbahn zurückkehren. Am Westufer bieten sich einige hübsche Stellen für eine Pause an. Geht dann das Lichtspiel los, gibt es zwei Strategien: Entweder

Lichtspieltheater. Ein Begriff, der einem schon mal in den Sinn kommen kann, wenn man gegen Abend vom Nordufer des Eibsees in die Höhe schaut. Denn wie eine riesige Leinwand ragen die schroffen und zerklüfteten weißgrauen Wettersteinwände hinter dem klaren, grün getönten Seejuwel in die Höhe. Das Lichtspiel beginnt pünktlich bei Sonnenuntergang. Von Westen her streicht die Sonne die Gebirgsgipfel zunächst zart-, später leuchtend rot an. Schon nach wenigen Minuten scheint die Sonne erschöpft ... nur, um nochmals für einen letzten Moment alle Rotregister zu ziehen und die Berge in tiefen, satten Purpurtönen erglühen zu lassen, bevor der Vorhang für den Abend fällt.

Mit seinen acht, neun kleinen Inseln und seinem unverbauten Ufer gehört der Eibsee zu

Hin & weg: Tagsüber fahren Busse von Garmisch-Partenkirchen und Grainau an den Eibsee. Je nach Jahreszeit kann der letzte Bus zurück noch (knapp) erreicht werden. Alternativ Parkplatz an der Talstation der Zugspitzbahn.

Dauer & Strecke: Etwa 2 Std., 7 km.

Beste Zeit: Nebensaison, im Sommer oft überlaufen.

Ausrüstung: Evtl. eine Kleinigkeit zu essen und zu trinken, falls die Uferpause lockt. Stirnlampe, falls man sich im Fotografieren verliert.

Wenn es Nacht wird: Jeweils sehr symphatisch geführt: in Grainau das Gästehaus Richter (www.gaestehausrichter.de) oder, für zwei Nächte und mehr, die Ferienwohnungen Zugspitze (www.ferienwohnungen-zugspitze.com).

man bummelt entlang des Nordufers zurück zum Ausgangspunkt. Oder man bleibt schon bald wieder stehen, nimmt den Blick über den See und bis hinauf auf knapp 3000 Meter in sich auf ... und genießt den Moment.

FAZIT: EINE BESONDERS VERFÜHRERISCHE AUSZEIT IST'S, WENN ALPENSUCHT AUF SEENSUCHT TRIFFT.

MORGENS IM MOOR

 ... in Oberjoch im Allgäu

 # 46

Morgens, wenn sich die Sonne über die Gipfel schiebt und ihre Strahlen einen Weg durch die Wipfel suchen, gibt sich das Kematsrieder Moos geheimnisvoll: Vom spiegelglatten Teich des kleinen Moorbads dampft es kräftig in den sich erwärmenden Tag.

#Erfrischungsbad #Sommermorgen #allesdampft #Moortreten

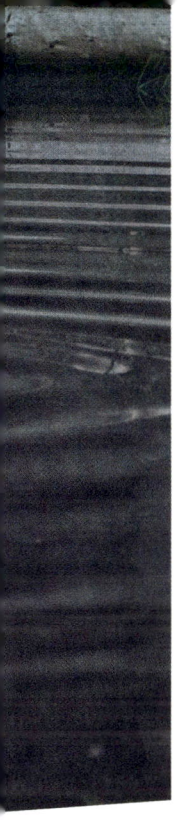

Der große Vorteil des Hochmoorbads bei Oberjoch: Im Sommer ist das Wasser ruck-zuck warm und Temperaturen von 20 Grad sind schnell erreicht, was auf einer Höhe von 1100 Metern bei Weitem nicht selbstver-ständlich ist. Einen entscheidenden Nachteil hat das Moorbecken jedoch auch, zumin-dest auf den ersten Blick: Es ist weit davon entfernt, klar zu sein. Alles, was in ein Moor gehört, schwebt im Wasser herum, kaum dass man zwei, drei Schritte auf dem schlam-migen Boden gemacht hat. Dunkel, fast schwarz wirkt das Wasser, nur hier und da

hellt es die Morgensonne in ein kräftiges, glitzerndes Rostbraun auf. Mag sein, dass der Körper bei den ersten Schwimmzügen ob des ungewohnten Ambientes etwas fremdelt. Doch dieses Gefühl hat sich bald verflüch-tigt und schon nach kurzer Zeit stehen alle Zeichen auf Entspannung in dem besonders weichen Moorwasser.

Neben dem außergewöhnlichen Naturerleb-nis bringt die frühe Uhrzeit einen weiteren Effekt mit sich: Das frei zugängliche Moorbad gehört einem dann selbst an einem wun-

Ein ganz besonderes Schmankerl für Frühaufsteher: Das sonst eher kupferfarbene Moorwasser spiegelt die gesamte Blau-Palette des sommerlichen Morgenhimmels.

derbaren Sommerwochenendtag mit etwas Glück ganz allein. Erst nach und nach kommen die ersten Frühschwimmer vorbei. Später am Tag kann es hier gedrängt zugehen, denn Oberjoch lebt ziemlich ausschließlich vom Tourismus und entsprechend gefragt ist an warmen Tagen ein Platz auf der Liegewiese. Auf eigene Art ganz natürlich geräuschvoll wird es morgens erst einmal nur nebenan im Moortretbecken: Mit lauten Schmatzgeräuschen quittiert die braune Masse jeden Schritt. Ein paar Mal im Kreis gegangen und

Erst kommt der Körper im frischen Wasser in Schwung, dann wärmen ihn die ersten Sonnenstrahlen des Tages.

bis weit über die Knöchel im Morast versunken, dann noch mal ins Wasser oder unter den im Vergleich viel kälteren Strahl der Outdoor-Dusche gestiegen, um den ganzen Schladderadatsch vorsichtig wieder abzuwaschen. Das ist auch schon alles, was man tun muss, um sich die durchblutungsfördernde Kraft des Torfs zunutze zu machen. Anschließend lässt man sich auf einem der Holzdecks rund um das Moorbecken und zwischen den Birken wunderbar in der Sonne trocknen.

Tipp: Nach dem Schwimmen noch ein wenig gehen? Direkt hinter dem Moorbad führt ein Spazierweg in das eigentliche Moor. Am nächsten Tag wäre das Wertacher Hörnle ein aussichtsreiches Wanderziel. Alternativ bietet ein Ausflug ins Ostrachtal, zum Giebelhaus oder auf eine der Alpen, imposante Eindrücke.

Hin & weg: Das Moorbad Oberjoch befindet sich direkt hinter der Moorhütte an der Passstraße. Morgens am besten mit dem Auto zu erreichen (Passstraße 51, Bad Hindelang). Tagsüber fahren regelmäßig Busse (Haltestelle Iselerbahn).

Dauer & Strecke: 1 Stündchen.

Beste Zeit: Mitte Mai–Anfang September.

Ausrüstung: Badesachen, Badeschlappen, Handtuch ... und Wanderschuhe für den nächsten Tag.

Wenn es Nacht wird: Wer nicht gleich in Oberjoch das Richtige findet: das Bergsteiger-Hotel Grüner Hut in Hinterstein (www.bergsteiger-hotel.de) bietet sich als Basis für weitere Erkundungen der Allgäuer Hochalpen an.

EIN STROM OHNE STRÖMUNG

⊰ ... entlang der Donauversickerung ⊱

#47

Ein Fluss verschwindet, Dolinen brechen ein, im Vulkankrater schimmert ein tiefblauer See. Tief im Westen der Schwäbischen Alb, an der Grenze zum Schwarzwald, lassen phänomenale Karsterscheinungen den Boden unter den Füßen lebendig werden. Wer entlang der Donauversinkung unterwegs ist, erlebt nicht nur ein blaues Wunder.

Es gibt wohl kaum einen besseren Ort, um eine Donauwelle zu genießen, als direkt an der Donau, oder? Danach schaut man, wie viel Wasser die Donau nahe der Versinkungsstelle führt.

Auf dem kleinen, schattigen Waldweg, der direkt entlang der Donau verläuft, ist einiges los. Den mächtigen Fluss einmal komplett im

Boden versickern sehen? Das will sich keiner entgehen lassen. Und tatsächlich: Mit jedem weiteren Schritt scheint der eben noch freudig dahinfließende Strom an Masse zu verlieren, bis auf einmal nur noch kantige, beige Steine zu sehen sind. Wow, die Donau ist tatsächlich verschwunden.

An rund 155 Tagen im Jahr hat man die Möglichkeit, in der Nähe der Gemeinde Immendingen trockenen Fußes durch ihr Flussbett zu wandern, während die Donau selbst ihre Reise für die nächsten zwölf Kilometer unter Tage fortsetzt. 60 Stunden lang fließt das Wasser von dort an durch ein weit verzweigtes unterirdisches Höhlensystem. Erst am Aachtopf, Deutschlands wasserreichster Karstquelle, kommt es wieder zum Vorschein.

Auch an den 210 Tagen im Jahr, an denen die Donau nicht im Erdreich versinkt, lohnt sich der malerische Spaziergang zur Versinkungsstelle.

Verantwortlich für dieses weltweit einzigartige Naturphänomen sind Spalten und Hohlräume in den kalkhaltigen Gesteinsschichten, aus denen ein Großteil der Schwäbischen Alb aufgebaut ist. Karst nennt sich die typisch poröse Gesteinsform, der auch die Doline Michelsloch ihr bizarres Aussehen verdankt. Dorthin geht es auf dem ausgeschilderten Donauwellen-Pfad, der nun weg vom Flussbett und den anderen Touristen hinauf in Richtung Hattingen führt. Vom Bahnhof aus sind es noch etwa 30 Minuten Fußweg bis zum kreisrunden, fast 25 Meter breiten und bis zu acht Meter tiefen Erdeinbruch. Auch dafür ist das Donauwasser verantwortlich, das unterirdische Hohlräume ausschwemmt, die immer wieder einstürzen. Etwas Nervenkitzel gefällig? Theoretisch könnten in diesem extrem porösen Bereich jederzeit neue Dolinen entstehen.

Also, nichts wie weiter! Schließlich wartet da ja auch noch das letzte Highlight der Runde: der erloschene Vulkan Höwenegg. Nach einem kurzen Anstieg steht man plötzlich vor einem eindrucksvollen Kratersee mitten im Wald. Was für ein Farbenspiel! Der See strahlt in tiefstem Türkisblau, umrahmt von grünen Tannen und einer meterhohen Felswand. Um Basalt zu gewinnen, wurden große Teile des einst mächtigen Vulkanrückens abgebaut. In schwindelerregender Tiefe sammelt sich dort heute das mystisch schimmernde Wasser. Von der Sitzbank, zu der ein steiler kleiner Pfad hinaufführt, hat man einen fantastischen Ausblick auf das Naturschauspiel. Auch wenn sich die Tour mit dem Abstieg in Richtung Pfaffenwinkel langsam dem Ende zuneigt,

ohne das obligatorische Stück Donauwelle geht hier niemand nach Hause. Das gibt's direkt am Endpunkt der Rundtour bei Ninas ess-Art (www.ninasessart.de).

FAZIT: UNGLAUBLICH, WIE DIE SONST SO MÄCHTIGE DONAU HIER EINFACH IM ERD-REICH VERSINKT.

Hin & weg: Der ausgeschilderte Wanderweg startet und endet am Parkplatz Donauversinkung am Ortstrand von Immendingen. Mit dem Auto geht's am schnellsten dorthin.

Beste Zeit: Von Mitte Mai bis Mitte September hat man die besten Chancen, durchs ausgetrocknete Flussbett zu wandern. Am besten sollte es zuvor längere Zeit nicht geregnet haben.

Dauer & Strecke: 4 Std. Gehzeit für die 13 km lange Strecke einplanen.

Ausrüstung: Wanderschuhe einpacken! Die Anstiege sind zwar relativ harmlos, bei Nässe kann es aber rutschig werden.

Wenn es Nacht wird: Direkt am Startpunkt der Wanderung befindet sich ein kleiner Zeltplatz, der von April bis Oktober kostenfrei und ohne Voranmeldung genutzt werden kann. Wer's komfortabler mag, bucht sich im nahegelegenen Wellnesshotel Traube (www.hoteltraube.de) ein und genießt dort die Poollandschaft.

FAHRT INS BLAUE

 ... auf der Schwäbischen Alb

 **#48**

»Capri der Schwäbischen Alb« wird die Wimsener Höhle dank ihres blauen Wassers auch genannt. Auf dem Weg dorthin entdeckt man in den spektakulären Schluchten des Glastals quirlige Bachläufe und ein herrschaftliches Anwesen – anschließend gibt es regionale Leckerbissen.

#Dolcefarniente #Höhlenerlebnis #mitdemBootunterdieErde #märchenhaft

Immer am Hasenbach entlang führt
der Wanderweg durch das Glastal bis
zur Wimsener Höhle.

Die wildromantische Wandertour beginnt man am besten am Wanderparkplatz Hayingen Untere Brücke. Der dort startende sanft abfallende Wanderweg führt mitten in den Wald hinein, und mit jedem Schritt werden die Felswände links und rechts des Pfades höher und enger. Alte Baumbestände säumen den Weg, und kleine Höhlen und Felsspalten laden zu kleinen Abstechern abseits des Fußwegs ein. Wie von Zauberhand geschaffen, plätschert beim Weitergehen auf einmal das glasklare Wasser des Hasenbachs am Wegesrand entlang. Dieser ist so rein, dass man problem-

los bis auf den Grund sehen und Wasserpflanzen, Fische und Libellen bei ihrem Spiel mit der Strömung beobachten kann.

Viele Moose und Farne wachsen an den zunehmend steil entlang des Weges aufragenden Felsen, und das Tal wird bald so eng, dass nur noch der kleine Bach und der eigene Wanderpfad in der Schlucht Platz finden. Eine kleine Holzbrücke überquert den Bachlauf. Bald beginnt sich das Tal wieder zu weiten und mündet in eine grüne Aue. Dort grasen friedlich einige Schafe, die auf der Schwäbi-

Kopf einziehen! Die Wimsener Höhle ist ganz schön niedrig. Mit dem Boot kann man einen Abstecher in die einzige befahrbare Wasserhöhle Deutschlands machen.

schen Alb zur Landschaftspflege eingesetzt werden. Nur so gelingt es, seltene Gräser und Heidelandschaften zu erhalten. Nach wenigen Metern verlässt man das märchenhafte Glastal, welches hier ins Werfental mündet, und wandert rechts weiter in Richtung Wimsener Höhle. Entlang des Weges befindet sich auch das 1735 erbaute Schloss Ehrenfels, das einst ein Kloster war und heute auf Anfrage besichtigt werden kann.

An der darauffolgenden Gabelung links folgt man der prächtigen Kastanienallee, welche in die Zufahrtsstraße zur Wimsener Höhle mündet, die wenige Hundert Meter später Besucher zu einer ganz besonderen Bootsfahrt einlädt. Nachdem man in einem der kleinen Boote Platz genommen hat, geht es mit einge-

Direkt neben der Höhle werden in der Gaststätte Friedrichshöhle Gerichte aus biologischem Anbau serviert. Die Sonnenterrasse lädt zum Entspannen ein.

zogenen Köpfen durch einen engen Schlund hinein in die einzige befahrbare Wasserhöhle Deutschlands. Aufgrund des tiefblauen, changierenden Wassers, das Tausende spiegelnder Reflexe an die Höhlenwände wirft, fällt der Vergleich mit der bekannten Blauen Grotte auf der italienischen Insel Capri nicht schwer. Tatsächlich entspringt hier jedoch die Zwiefalter Ach mit 150–200 Liter Wasser pro Sekunde. Im Jahr 1803 erkannte auch schon der württembergische Kurfürst Friedrich II. den besonderen Charme dieses Ortes und stellte die Wimsener Höhle nach seinem Besuch unter Schutz. So kommt es, dass die Höhle auch unter dem Namen Friedrichshöhle bekannt ist.

Hin & weg: Mit dem Auto über Reutlingen und Lichtenstein bis nach Hayingen. Parken auf dem Wanderparkplatz Hayingen Untere Brücke. Alternativ mit der Regionalbahn bis nach Bad Urach, von dort mit dem Bus nach Münsingen und anschließend bis zur Haltestelle Hayingen Wimsener Höhle.

Beste Zeit: Das Glastal ist ganzjährig eine Augenweide, im Herbst sind Temperatur und Besucherzahlen auf einem angenehmen Level. Die Wimsener Höhle ist von Anfang November bis Ende März geschlossen (www.wimsen.de).

Dauer & Strecke: Staunen im Glastal, Bootstour in der Höhle und Schlemmerabschluss mit einberechnet, dauert die 7 km lange Tour etwa 4 Std.

Ausrüstung: Eine Spiegelreflexkamera, um die grandiose Landschaft gebührend festzuhalten.

Wenn es Nacht wird: Das kleine, feine Bio-Hotel Rose (www.tress-gastronomie.de) befindet sich zehn Autominuten vom Wanderparkplatz Hayingen Untere Brücke entfernt. Nach einem reichhaltigen Frühstück aus regionalen Zutaten kann man am nächsten Tag nach Bad Urach aufbrechen und den dortigen Wasserfall bestaunen.

Zurück im hellen Sonnenlicht, lockt der historische Gasthof Friedrichshöhle direkt gegenüber dem Höhleneingang mit einer sehr schönen Terrasse am Forellenteich. Auf der Speisekarte finden sich kreative schwäbische Gerichte in Bioqualität. Zufrieden und glücklich lässt man den Nachmittag hier entspannt ausklingen, bevor man sich gut gestärkt auf den Rückweg zum Parkplatz durch das bezaubernde Glastal macht.

FAZIT: GLASKLAR EINES DER SCHÖNSTEN NATURPARADIESE AUF DER GESAMTEN SCHWÄBISCHEN ALB. UNBEDINGT ANSCHAUEN UND DAS DOLCEFARNIENTE GENIEßEN!

SIESTA IM GUMMIBOOT

 ... den Rhein hinab

Was gibt es Schöneres, als sich am Wochenende einfach mal entspannt treiben zu lassen – und zwar den wilden Rhein hinab! Alles, was man dafür braucht, ist ein Schlauchboot – und den Ausweis nicht vergessen für die Fahrt zwischen Deutschland und der Schweiz.

#HalloNachbar #knallrotesGummiboot #Sünnele #Sommerliebe

Paddeln? Gar nicht unbedingt nötig. Das knallrote Gummiboot treibt mit der Strömung den wilden Rhein hinab.

Das knallrote Gummiboot sieht herrlich retro aus. Doch bis das olle Ding am Ufer von Stein am Rhein aufgepumpt ist, dauert es. Ist die Luft drin, beginnt der entspannte Teil des Abenteuers: rein in den Rhein – und sich treiben lassen.

Huiii, das Boot nimmt ganz schön Fahrt auf. Rechts zieht das Strandbad von Stein am Rhein vorbei, links die Propstei Wagenhausen. Paddeln? Nö, nicht nötig. Die Strömung macht's. Stattdessen: Siesta! Oder »sünnelle«, wie die Schweizer sagen. Entspannt in der Sonne liegen.

Ob sich das Böötli gerade in der Schweiz oder in Deutschland rumtreibt, weiß an Bord niemand. Die Grenze verläuft im Zickzack – genau wie der Kurs der Ausflugsschiffe. Auf die muss man achten, sie haben Vorfahrt. Also immer außerhalb der Schifffahrtsrinne fahren. Wo die langgeht, zeigen grün-weiße Rauten: Die Schiffe fahren auf der grünen Seite, alle anderen auf der weißen. Achtung: Strömung – deshalb auch um die Wiffen (Markierungsstangen) einen großen Bogen machen.

Kurz hinter Stein am Rhein wird das rechte Ufer schön wild. Im Winter rasten hier Zehn-

Paddeltour mit tierischer Begleitung: Der Rhein ist ein echtes Naturparadies. Vom Wasser aus kann man nicht nur Fische und Vögel beobachten, auch der Blick ans wilde Ufer ist traumhaft.

tausende Wasservögel, im Sommer kann man Eisvögel beobachten. Fische sowieso, das Wasser ist herrlich klar. In Hemishofen treibt das Gummiboot unter einer großen Eisenbahnbrücke hindurch. Die Einheimischen erzählen, Gustave Eiffel habe sie 1875 erbaut. Ja genau, der vom Eiffelturm. Die Geschichte ist schön, stimmt aber wohl nicht. Die beste Attraktion ist sowieso der Rhein. Der schlängelt sich immer weiter.

Über die alte Rheinbrücke in Diessenhofen spaziert man ganz einfach hin und her, zwischen der Schweiz und Deutschland. Und an Bord ist das Wichtigste: sünnelen!

An heißen Tagen ist man selten allein. Dann dümpelt auf dem Wasser alles rum, was schwimmen kann: Luftmatratzen, Einhörner, Rettungsringe, Schwimminseln. Und wenn der Sommerhimmel bewölkt ist: Ruhe! Das Wasser leuchtet tieftürkis, das Ufer dunkelgrün. Einsame Sandbuchten locken, vor allem nach dem Strand an der Bibermühle. Also Ufer ansteuern, anlegen, ausruhen. Und irgendwann weitertreiben lassen, vorbei an Wald, Wiesen und wunderschönen Orten.

Wem die Luft ausgeht, der paddelt in Diessenhofen Richtung Rheinbrücke und legt kurz davor am linken Ufer an der Rhybadi an. Im verträumten Mittelalterstädtchen vertreibt man sich die Zeit. Isst ein Gipfeli in der Klosterbäckerei. Bestaunt den Siegelturm. Spaziert über die alte Rheinbrücke aus Holz ins deutsche Gailingen. Blickt von der Liegewiese der Rhybadi auf den Rhein. Und bleibt am besten über Nacht.

Am nächsten Tag soll's wie geplant weitergehen. Vorbei am Kloster St. Katharinental, an der Kartause Büsingen flussabwärts treiben lassen bis Schaffhausen – und natürlich vor dem Rheinfall aussteigen!

FAZIT: DER RHEIN – EIN TRAUM. WER KEIN EIGENES GUMMIBOOT HAT, LEIHT SICH EINFACH EINES. DENN DIESE TOUR DARF NIEMAND VERPASSEN!

Hin & weg: Mit Bahn oder Auto nach Stein am Rhein, Start am Parkplatz beim Stadtgarten, dort Boot aufpumpen und an der offiziellen Stelle in den Rhein rein. Zurück geht's von Schaffhausen mit Zug oder Schiff: Luft raus, Gummiboot rein!

Beste Zeit: Sommer, und zwar werktags oder wenn es bewölkt ist.

Dauer & Strecke: Nach Lust und Laune treiben lassen. Spätester Ausstieg ist Salzstadel Schaffhausen (Kanuclub), weißes Gebäude ca. 200 m vor der Eisenbahnbrücke; 3–4 Std., 10 km bis Diessenhofen, weitere 10 km bis Schaffhausen.

Ausrüstung: Gummiboot, Luftpumpe und Flickset! Unbedingt Schwimmweste an Bord haben (vor allem für Kinder), Unfälle können aufgrund der Strömung gefährlich werden (Wasserstand beachten).

Wenn es Nacht wird: Auf der Hälfte der Strecke im schönen Diessenhofen (CH) übernachten. Das Hotel Krone liegt direkt am Rhein neben der historischen Holzbrücke (www.krone-diessenhofen.ch).

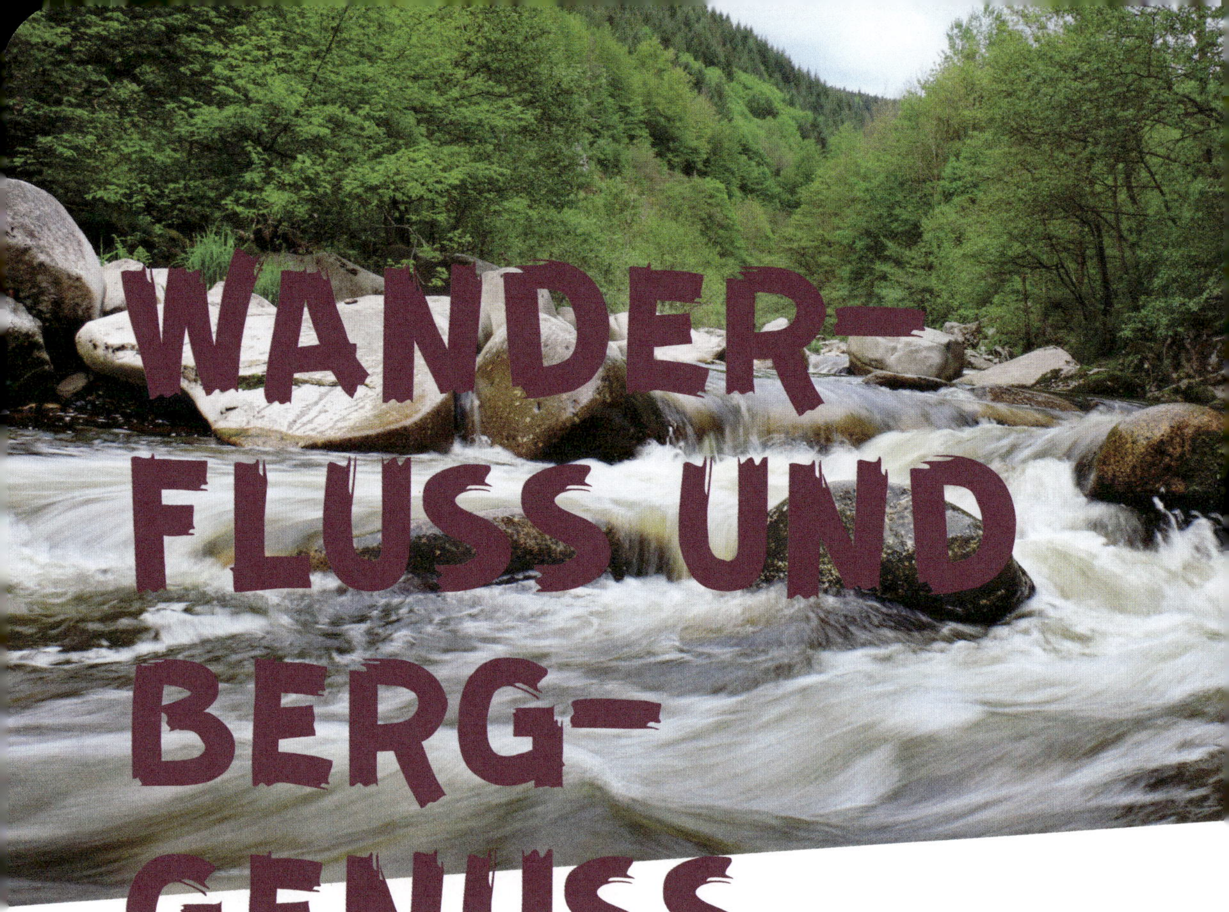

WANDER-FLUSS UND BERG-GENUSS

… an und in der Murg im Schwarzwald

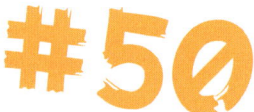

#50

Bunte Wiesentäler, dunkle Karseen, rauschende Wälder – so kennt man das Wanderparadies Schwarzwald. Ein bisschen wilder gefällig? Geht auch, beim Flussbettwandern in der Murg – ein echter Balanceakt.

#Flussbettwandern #Balanceakt #nasseFüße #strammeWaden #Teichrosen

Brücke im Tonbachtal.

Zwei Stunden für einen Kilometer, soll das ein Scherz sein? Ganz im Gegenteil. Das hier ist schließlich keine gewöhnliche Tour, sondern Flussbettwandern. Denn anders als sonst geht's hier nicht Schritt für Schritt voran. Balancierend, den nächsten Stein suchend, hüpfend und springend, manchmal auf allen Vieren kraxelnd sucht man sich seine Route durch das Flussbett im üppig grünen Murgtal. Über kleine Steine, über bemooste und über solche, die aussehen, als hätte bis eben noch ein Riese mit seinen Murmeln gespielt, so rund geschliffen wurden sie im Lauf der Zeit. Andere sind ausgehöhlt, als hätte jemand einen Bohrer durch den Fels gejagt. Man kann

sich die Kraft des Wassers gut vorstellen, wie es nach dem Winter durch das Tal schießt. Im Sommer dagegen gurgelt die Murg nur noch zwischen den Steinen. Dann ist die beste Zeit für eine Flussbettwanderung. Und die größte Chance, trockenen Fußes ans Ziel zu kommen. Bei höherem Pegelstand nach einem Regenguss hält man sich einfach näher am rechten Ufer. Angenehm kühl ist es im Fluss, herrlich grün und wildromantisch.

An der Einstiegsstelle in der Kurve beim leer stehenden Hotel Wasserfall führt ein schmaler Trampelpfad hinunter zur Murg, und an der Brücke Kaltenbach hilft ein fixiertes Seil beim

Genuss für alle Sinne im Tonbachtal: blühende Wiesen und Mini-Wasserfälle (links und rechts). Am Schluss der Tour dann ein zünftiges Vesper auf der Hütte (ganz rechts).

reichlich eine Stunde) und mit traumhafter Schwarzwald-Aussicht in der Hütte vespern (www.panoramastueble.de). Praktischerweise führt der Rückweg an einem der typischen Schnapsbrunnen vorbei.

Vis-à-vis vom Wanderhotel geht's über Silberberg zum Huzenbacher See. Dunkel und still liegt der Karsee zwischen den hohen Felswänden. Ein Traum im Juni/Juli, wenn gelbe Teichrosen das Wasser in ein Blumenmeer verwandeln. Man möchte sich kaum lösen von diesem Ort, doch bei dieser Tour reiht sich ein Highlight ans andere: der Seeblick auf 916 Metern, das Hochmoor, leuchtend gelbe Ginsterbüsche, ein Wald wie im Märchen. Der Wind biegt leise rauschend die Baumkronen. Es riecht nach Tanne und Kiefer, warme Luft mischt sich mit dem Duft von Moos, das sich wie ein grüner Samtteppich über den Waldboden legt. Auf schmalen Pfaden geht's hinein ins Tonbachtal. Der Bach murmelt erst als Rinnsal, wird allmählich breiter, dann weitet sich das Tal. An der Liegewiese gibt es die

Ausstieg, den auch Ungeübte problemlos meistern. Für den Rückweg die Eisenbahnbrücke überqueren und nach links flussabwärts laufen bis zur hübschen Brücke am Wasserfallhotel. Zum Parkplatz am Bahnhof wieder die 400 Meter entlang der Straße gehen.

Wer mit der Bahn unterwegs ist, biegt in der Kurve am Wasserfallhotel Richtung Ort ab und kommt direkt zur Murgleiter. Alle anderen fahren die sechs Kilometer nach Schwarzenberg mit dem Auto und parken am Nachtlager beim Hotel Löwen. Dort startet am nächsten Morgen die Tagestour auf der Murgleiter bis Baiersbronn. Gut frühstücken, denn die 24 Kilometer haben es in sich.

Kleiner Tipp: Die Ehrenrunde über das Panoramastüble bereits am Vorabend laufen (spart

Hin & weg: IC bis Karlsruhe, dann Regional-Express Richtung Freudenstadt bis Raumünzach/Baiersbronn oder mit dem Auto A81 und B294/B462, Parken am Bahnhof Raumünzach.

Beste Zeit: Ende Mai bis September (Murgleiter ganzjährig bei gutem Wetter); Panoramastüble bis 18 Uhr, Sattelei bis 17 Uhr.

Dauer: 2 oder mehr Tage.

Ausrüstung: Wechselklamotten, wasserfeste Wanderschuhe mit gutem Profil.

Wenn es Nacht wird: Gasthof Löwen, Baiersbronn-Schwarzenberg, www.loewen-schwarzenberg.de

Chance, die Tour mit einer Stärkung in der herrlich am Hang gelegenen Blockhütte der Traube Tonbach (www.traube-tonbach.de/de/blockhuette) ausklingen zu lassen. Oder aber – mindestens genauso lohnend – weiter zur Sattelei wandern und in der Wanderhütte des Hotels Bareiss (www.bareiss.com/sattelei) einen Murgtaler Wurstalat oder Bibbeleskäs genießen. Von dort sind es noch drei Kilometer zum Bahnhof Baiersbronn.

FAZIT: WILD, ROMANTISCH, ABWECHSLUNGS-REICH. GENUSSVOLLES WANDERWOCHEN-ENDE MIT EINEM SCHUSS ACTION FÜR ALLE, DIE ES GERN ETWAS SPORTLICHER ANGEHEN.

LEINEN LOS AUF 1000 METERN

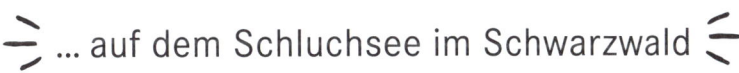

... auf dem Schluchsee im Schwarzwald

Das Boot legt ab. Der Wind weht in den Haaren. Wasser spritzt ins Gesicht. Tiefblau liegt der Schluchsee vor den grünen Schwarzwaldtannen. Vom Wasser aus ist der Stausee besonders schön. Und je nach Windstärke geht's richtig schnell voran. Wie schnell, das erleben Anfänger beim Schnuppersegeln.

Wind im Segel: Der Schluchsee ist für Anfänger ein tolles Segelrevier.

Pinne, Schoten, Baum, Backbord, Steuerbord, Wende … Hilfe! Wer das erste Mal auf einem Segelboot sitzt, versteht kein Wort. Aber keine Angst: Beim Schnuppersegeln auf dem Schluchsee lernt jeder Anfänger die Seglersprache – und zwar direkt auf dem Boot. Schon nach ein paar Minuten auf dem Wasser des Stausees darf der erste Freiwillige ran an die Pinne, mit der das Segelboot gesteuert wird. Backbord ist links, Steuerbord rechts, erklärt die Segellehrerin. Na dann!

Schon wenig später kommt die erste Herausforderung für die Crew: eine Wende. »Klar zur Wende?«, ruft der Steuermann. »Klar«, ruft der Rest. Noch ein lautes »Re!« und schon geht

Hin & weg: Mit der Bahn von Freiburg oder Donaueschingen bis Bahnhof Aha. Die Segelschule liegt direkt gegenüber am Seeufer.

Beste Zeit: Segelsaison ist Mai–Oktober. Schnuppersegeln gibt's jeden Samstag und Sonntag, 10–17 Uhr (Anmeldung und Infos auf www.segelschule-schluchsee.de).

Dauer & Strecke: 1 Tag. Für die Rundwanderung Jägersteig: 3–4 Std. und 12 km.

Ausrüstung: Schwimmwesten gibt's vor Ort, Sonnenschutz mitbringen. Wer einen Segelschein hat, kann ein Boot mieten.

Wenn es Nacht wird: Warum nicht mal träumen zwischen Bäumen im Baumzelt im Schwarzwald-Camp (www.schwarzwaldcamp.com)! Natürlich geht Campen auch ganz einfach und günstig mit dem eigenen Zelt. Von der Segelschule aus ist das Schwarzwald-Camp in 30 Minuten zu Fuß über den Seeweg erreichbar.

das Manöver los: Pinne wegdrücken, der Bug dreht durch den Wind, die Mannschaft muss schnell auf die andere Seite, unterm Segel und dem Baum durch – ohne den Kopf anzuschlagen. Geschafft! Weiter geht's auf neuem Kurs. Der Schluchsee ist das höchstgelegene Segelrevier Deutschlands. Das Besondere sind die Fallwinde vom Feldberg, erklärt die Segellehrerin. Sie kennt das Revier. Immer wieder segelt sie mit Gruppen los. Gefährlich ist das Segeln auf dem Schluchsee nicht, die Kielboote der Segelschule wirft so schnell kein Wind um. Das Wichtigste an Bord sind übrigens kleine rote Wollfäden am großen Segel. Sie zeigen an, woher der Wind kommt. Hängen die Fäden nach unten, ist Flaute. Und dann? Paddeln! Oder warten. Bis zur nächsten Bö. Und die kommt am Schluchsee ganz bestimmt.

Segeln macht hungrig: Deshalb geht's in der Mittagspause für Currywurst, Pommes oder Wurstsalat zum Seebeizle-Kiosk in Aha. Eis gibt's auch (www.seebeizle-aha.de). Wer vom Segeln nicht genug kriegen kann, steigt am nächsten Tag einfach nochmal ins Boot. Oder wie wäre es, sich gemütlich über den See schippern zu lassen? Die MS *Schluchsee* fährt von Mai bis Oktober mehrmals täglich über den Stausee. Rund 70 Minuten dauert die Schifffahrt, bei schönem Wetter sitzen Passagiere gemütlich an der frischen Luft auf dem Oberdeck (www.seerundfahrten.de).

Der Ausblick ist wunderschön, trotzdem das Aussteigen nicht vergessen, und zwar am Halt Unterkrummenhof. Im beliebten Schwarzwälder Vesperhof genießt man Speckeier oder Bauernbratwürste – und den Blick auf den See. Der ist übrigens atemberaubend vom Aussichtspunkt Bildstein auf 1134 Metern Höhe. Viele Wanderwege führen zum steilen Felsenplateau, zum Beispiel der gut ausgeschilderte Jägersteig (Start und Ziel ist der Ort Schluchsee). Nirgendwo sonst hat man den Schluchsee fast komplett vor Augen. Was für ein Panoramablick – auf das dunkle Wasser und die bunten Boote.

FAZIT: EIN TAG AUF DEM SEGELBOOT IST EIN ERLEBNIS. DIE FALLWINDE VOM FELDBERG SORGEN DAFÜR, DASS MEIST EINE BRISE IM SEGEL IST. KOMBINIERT MIT ZELTEN, WANDERN ODER EINER SCHIFFFAHRT EINFACH DER IDEALE KURZURLAUB.

HIDEAWAY

⟩ ... in Hagnau am Bodensee ⟨

Man muss es ja nicht gleich wie die Igel machen und den ganzen Winter verschlafen. Aber warum sich nicht mal ein Wochenende lang einigeln? Der Bodensee liegt zwar auch im Winterschlaf, aber in Hagnau findet sich ein schönes Zimmer. Dazu viel frische Luft und einsame Strände. Und danach wieder einigeln.

#Akkuladen #SchneeundEis #Winterwellness

Einsames Winterglück: Der Bodensee hat auch an grauen Tagen seinen Reiz. Und vor allem gibt es nie so viel Platz und Ruhe wie zu dieser Jahreszeit.

Hagnau liegt im Winterschlaf. Wo sich im Sommer Feriengäste drängeln, ist niemand zu sehen. Alles leer. Verlassen. Kein Wunder: Der Nebel liegt dicht über dem Winzerdorf. Feuchte Kälte legt sich sofort um einen. Ganz schön fies. Schnell rein ins Warme!

Wie gut, dass es den Löwen gibt. Das historische Gasthaus liegt mitten im Ort – und es hat das ganze Jahr über geöffnet. Wäre auch zu schade, denn die bezaubernd schönen Suiten sind wunderbar, um sich an einem Winterwochenende zurückzuziehen. Wer die

Türe öffnet und eintritt, verliebt sich sofort: historisches Parkett, prächtiger Stuck an den Decken, ein großes Bett und moderne Holzmöbel. Zauberhaft.

Vom Fenster aus blickt man in den Ort und Richtung Bodensee. Immer noch alles grau draußen. Macht aber gar nichts! Einfach im Erker sitzen, sich einmummeln mit einem Tee und einem Buch und die kalte Welt um sich herum vergessen. Am liebsten möchte man gar nicht mehr raus in die Kälte. Zwei-, dreimal am Tag muss das aber sein. Und danach

Raus ans Wasser und auf die Wintersonne hoffen. Mit etwas Glück wird dann aus dem Grau ein strahlendes Winterblau.

geht es wieder rein in die Höhle. Warm–kalt. Warm–kalt. Wie eine Wechseldusche. Da kommt der Körper auch ohne Sonnenlicht ordentlich in Schwung!

Also einpacken und runter zum Schiffsanleger spazieren. Am Seegfrörne-Denkmal blickt man über den weiten See. Noch ist kein Eis zu sehen. 1963 fror der Bodensee vollständig

Eiszeit, zumindest am Seegfrörne-Denkmal. Wem das alles zu kalt ist, der igelt sich einfach wieder im Gasthaus Löwen ein.

zu. Hagnauer waren die Ersten, so erzählen es die Einheimischen, die über die dicke Eisschicht den See überquerten, bis rüber in die Schweiz. Von der Schweiz sieht man im Winter meist nicht viel, die Sicht ist trüb. Dafür ist man ganz allein auf dem langen Steg. Tief durchatmen, frische Luft tanken – und Kraft für die dunkle Jahreszeit.

Sobald die Hände kalt werden, zurück in die Löwen-Höhle. Und erst mal wieder einigeln. Im Winter sind ja alle dauermüde. Das liegt am fehlenden Licht, die Hormone sind im Schlafmodus. Wie gut, dass man sich dieses Wochenende nicht aus dem Bett quälen muss. Einfach liegen bleiben ... Nur das Frühstück, das darf man nicht verpassen. Die frisch gebackenen Brötchen aus der Bäckerei im Haus sind zu lecker.

Wenn man dann schon mal raus ist aus den Federn, gleich eine Runde frische Luft tanken. Durch die Weinberge ziehen. Und unten am Strand über die Kieselsteine stapfen. Ganz allein. Was für ein Winterspaziergang!

Langsam kämpft sich die Sonne durch den Nebel. Als sie kurz rauskommt, ist plötzlich alles anders. In Wintereuphorie schmiedet man große Pläne: Ein Ausflug hoch zum Pfänder wäre doch was. Oder bis nach Meersburg wandern, die Burg besichtigen und danach in die Sauna. Ins Zeppelin Museum nach Friedrichshafen fahren. Rauf nach Heiligenberg. Dann schiebt sich die nächste Wolkendecke wieder vor. Die Pläne? Vergessen! Erst mal zurück in den Löwen und einigeln ...

FAZIT: RUHE, WEITE, EINSAMKEIT! IN HAGNAU KANN MAN SICH EIN WINTERWOCHENENDE LANG EINFACH MAL ZURÜCKZIEHEN.

Hin & weg: Mit dem Zug bis Markdorf oder Unteruhldingen, weiter mit dem Bus bis Hagnau.

Beste Zeit: Wenn Hagnau im Winterschlaf liegt.

Dauer: Ein ganzes Wochenende lang.

Ausrüstung: Handy zu Hause lassen und lieber ein Buch mitnehmen.

Wenn es Nacht wird: Das historische Gasthaus Löwen mitten im Ort macht diese Auszeit perfekt. Die Suiten sind einfach ein Traum. Und morgens riecht es nach frischen Brötchen aus der Hausbäckerei (www.loewen-hagnau.de).

SONST NOCH WICHTIG

IM NORDEN
UNENDLICHE WEITEN

IM HERZEN
VON WASSER ZU WASSER

IM SÜDEN
VARIANTEN-REICH

Ein- und Überblick

Eine Karte für den schnellen Überblick, praktische Tipps, mehr über die Autorinnen und Autoren sowie ein Ortsregister zum schnellen Nachschlagen gibt es auf den folgenden Seiten.

Übersichtskarte	Seite 224
Eskapaden & Autoren	Seite 225
Über die Autoren	Seite 226
Noch mehr Eskapaden	Seite 234
Impressum	Seite 236
Infos zum GPX-Download	Seite 237
Register	Seite 238
5 besondere Empfehlungen	Seite 240

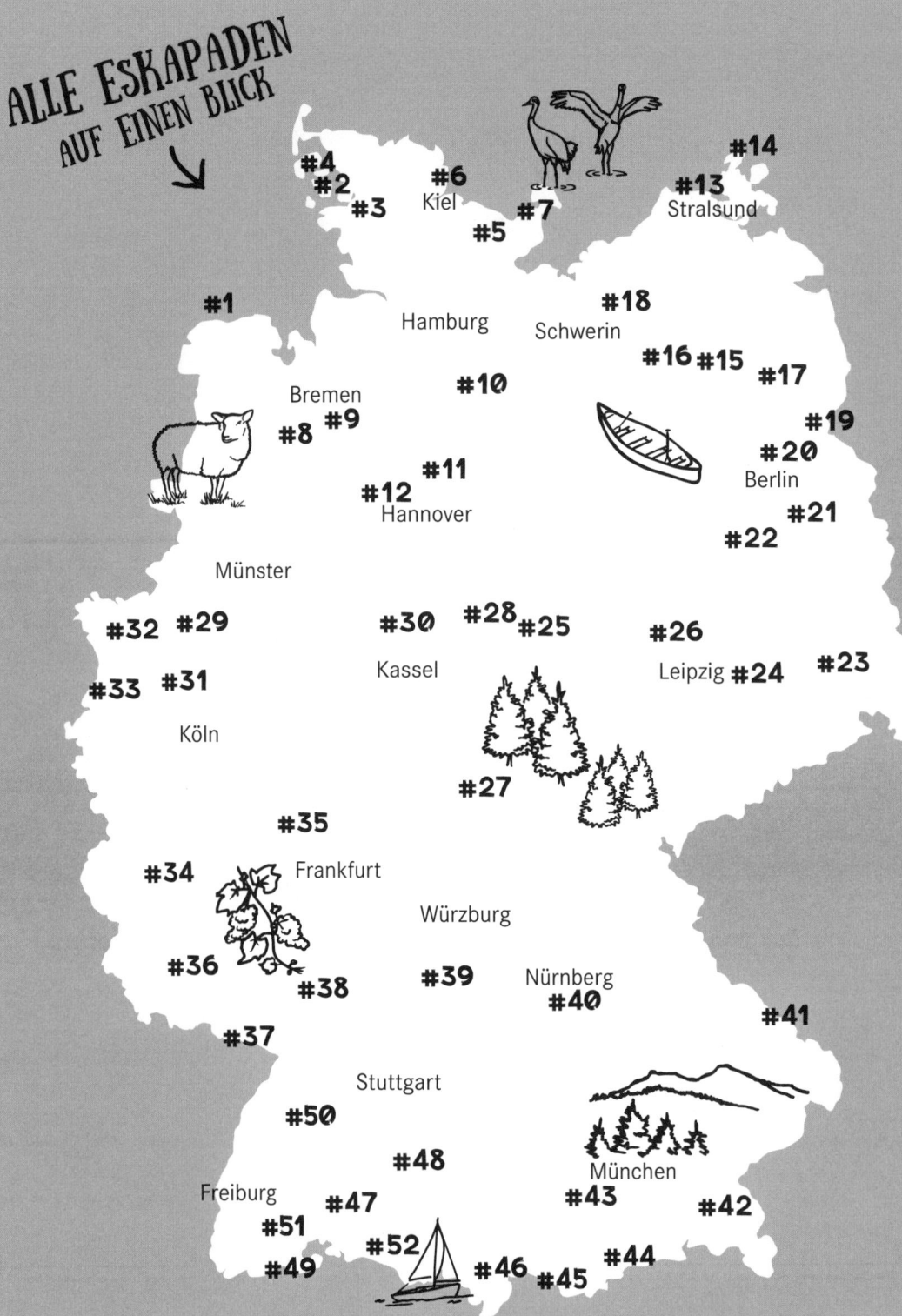

ALLE ESKAPADEN
AUF EINEN BLICK
↓

#4
#2
#3
#6
Kiel
#5
#7

#14
#13
Stralsund

#1

Hamburg

#18
Schwerin

#16 #15
#17

Bremen
#8 #9

#10

#19
#20
Berlin

#11
#12
Hannover

#21
#22

Münster

#32 #29

#30

#28 #25

#26
Leipzig #24

#23

#33 #31

Kassel

Köln

#27

#35

#34
Frankfurt

Würzburg

#36
#38

#39
Nürnberg
#40

#41

#37

Stuttgart

#50

#48

Freiburg
#47
#43
#42

#51
München

#52
#46 #45 #44

#49

ESKAPADEN & AUTOREN

#1 Andrea Lammert #2–4 Elke Weiler #5–7 Stefanie Sohr & Volko Lienhardt #8–9 Aylin Krieger #10–11 Alexandra Schlüter #12 Marion Hahnfeldt #13–14 Cornelia Jeske #15–18 Sylvia Pollex #19 Anne Steinbach & Clemens Sehi #20–23 Inka Chall #24–26 Sylvia Pollex #27 Christine Röhling & Michelle Tief #28 Jana Zieseniß #29 Ann Baer #30 Rebecca Schirge #31 Ann Baer #32 Jessica Niedergesäß #33 Jutta M. Ingala #34 Loni Liebermann #35 Sarah Waltinger #36 Sonja Anwar #37 Thomas Diehl #38 Sarah Uhrig #39 Verena Mog #40 Nina Soentgerath #41 Melanie Wolfmeier #42 Andreas Friedrich #43–46 Nadine Ormo #47–48 Sinja Stiefel #49 Yvonne Weik #50 Antje Seeling #51–52 Yvonne Weik

ÜBER DIE AUTOREN ...

... der kleinen Auszeiten und großen Entdeckungen

Vor einigen Jahren zog die Reisejournalistin an die Nordsee und rief www.meerblog.de ins Leben. Seitdem bloggt sie über Küsten, Inseln, Meere und das langsame Reisen. Wenn sie nicht gerade Nordfriesland mit dem Rad erkundet, geht sie am liebsten gemeinsam mit Hund Julchen und einer alten Acadiane namens Emilia auf Reisen.

ELKE WEILER

ANDREA LAMMERT

Das Raue am Norden ist es, was Andrea fasziniert. Sie liebt es, ihre Füße ins samtweiche Watt zu stecken, und erkundet Ostfriesland gern so, wie es ihr der Großvater beigebracht hat: mit dem Fernglas zur Vogelbeobachtung im Rucksack. Was Andrea nah und fern erlebt, erzählt sie unter www.indigo-blau.de

Aylin ist ein echtes Nordkind: Wenn eine steife Brise weht, fühlt sie sich pudelwohl. Der Zauber des Reisens liegt für sie in den kleinen Details. Darum dürfen auf ihren weltweiten Touren Kamera und Notizbuch nie fehlen. Ihre Geschichten und Fotografien veröffentlicht sie auf ihrem Blog www.todaywetravel.de

AYLIN KRIEGER

STEFANIE SOHR & VOLKO LIENHARDT

Na, nun aber mal ab nach draußen?! – Kaum ein Satz konnte Stefanie in ihrer Kindheit mehr entrüsten als dieser. Heute holt sie begeistert nach, was sie als Kind rundheraus ablehnte.

Volko gelangte nach Umwegen über London, Prag und Tokio nach Hamburg. Dass der Himmel über St. Pauli oft aus Grautönen besteht, ist für den Fotografen kein Wermutstropfen. Ganz im Gegenteil. Es war gerade das Licht, das Volko aus dem Schwarzwald in den Norden lockte. Mehr unter www.indernaehebleiben.de

Am Strand liegen ist nicht so ihr Ding, Cornelia muss laufen. Das macht den Kopf frei ... und glücklich! So verlor die Berlinerin auf einer Strandwanderung ihr Herz an die Ostsee und fährt seither immer wieder dorthin zurück. Über ihre Entdeckungen schreibt sie in Zeitungen, Magazinen und auf www.zweikuesten.de

CORNELIA JESKE

ALEXANDRA SCHLÜTER

Riesengroßes Reiseglück fand Alexandra bei den Eskapaden direkt vor der Haustür in der Lüneburger Heide an der Elbe und im Wendland. Ob zu Fuß, mit Rad, Pferd oder Kajak, es ist ganz einfach, jeden Tag etwas Neues zu erleben. Mehr über die Autorin unter www.alexandra-schlueter-books.de

SYLVIA POLLEX

Für das Projekt »New Life Old Caravan« gab Marion ihr bürgerliches Leben vorübergehend auf und zog, getrieben von der Frage »Was braucht man wirklich zum Leben?«, in einen Caravan an den Stadtrand von Hannover. Dort hat sie die Stadt schätzen und lieben gelernt. Mehr unter www.marionhahnfeldt.de

Könnte sich Sylvia eine Heimat aussuchen, wäre es Mecklenburg-Vorpommern mit den vielen Seen und dem weiten Himmel, wo man die Abendsonne bis zuletzt auskosten kann. Sie liebt die Unberührtheit der Natur und die Menschen, die dort leben.

MARION HAHNFELDT

ANNE STEINBACH & CLEMENS SEHI

Berliner Pflanze mit Inselwurzeln trifft es bei Anne auf den Punkt. Die Reisejournalistin ist in der ganzen Welt, aber auch in Brandenburg unterwegs. Wo sie sich gerade aufhält, findet man unter www.travellersarchive.de

Clemens bereist am liebsten ungewöhnliche oder missverstandene Orte, deren Wahrnehmung er im Online-Reisemagazin www.travellersarchive.de ändern möchte. Ansonsten erkundet der Exilschwabe die Hauptstadt oder den schönsten Speckgürtel Deutschlands.

CHRISTINE RÖHLING & MICHELLE TIEF

Christine ist Chefredakteurin des Rhön-Magazins und kennt das Mittelgebirge wie kaum jemand sonst – und trotzdem entdeckt sie immer wieder neue faszinierende Seiten.

Michelle führte ihr Lebens- und Liebesweg von der Rhön in den Spessart, ihr Herz aber hat die Heimat nie verlassen. Auch sie ist begeistert, immer wieder neue Seiten der Rhön zu entdecken.

Rebecca liebt es, draußen zu sein. Bei jedem Wetter und zu jeder Jahreszeit. Wenn sie nicht gerade am Schreibtisch textet, findet man Rebecca im Teutoburger Wald. Mal wandernd, mal waldbadend und immer wieder aufs Neue fasziniert von diesem grünen Wunder. Was sie im Wald und auf ihren Reisen erlebt, berichtet sie im Blog www. rebeccaswelt.de

REBECCA SCHIRGE

INKA CHALL

Inka mag Bäume, Fernwanderungen und Schnee. Die polaren Gebiete dieser Erde sind deshalb auch ihre zweitliebsten Regionen, gleich hinter Brandenburg. Über ihre Reisen durch die Welt und vor der Haustür bloggt sie auf www.blickgewinkelt.de

Der Beruf brachte Ann ins Ruhrgebiet, heute nennt sie den Mix aus Natur und Industriekultur ihre Heimat. Als »Draußen-Mensch« begibt sie sich gerne auf skurrile Pfade und liebt den Erlebnisfaktor unbekannter Flecken.

ANN BAER

JESSICA NIEDERGESÄSS

Jessica ist ständig auf der Suche nach Inspiration und wirft dabei zu gerne den Blick über den Tellerrand und in fremde Kochtöpfe. Ihre Heimat ist der Ruhrpott und ihr Fachgebiet sind Rückzugsorte vor der eigenen Haustür. Geheim- und Food-Tipps gibt's auf ihrem Blog www.yummytravel.de

Jana ist für ihren Reiseblog www.sonne-wolken.de nicht nur in der weiten Welt unterwegs, sondern immer wieder gern auch in ihrer alten Heimat, dem Harz. Sie liebt die raue Natur und lässt sich gerne den Harzwind um die Nase wehen.

JANA ZIESENIß

LONI LIEBERMANN

Die Liebe zur Landschaft hat Loni auf eine nun schon viele Jahre dauernde Entdeckungsreise in die Eifel geführt. Ihrer Neugierde zu folgen und in Bewegung zu sein ist für sie ein Schlüssel zum Glück.

Jutta liebt Radfahren und den Herbst, die Weite der Landschaft und Wolkenberge am Himmel ebenso wie Innehalten und den kleinen Dingen nachspüren. Von Entdeckungen – und von Begegnungen – handeln auch ihre Geschichten auf www.6gradost.com.

JUTTA M. INGALA

Sonja ist seit 2013 in Hamburg zu Hause, hat aber die Zelte in Merzig, ihrer alten Heimat, nie abgebrochen. Hier stehen immer ein Paar Wanderschuhe parat für die nächste Erkundung zwischen Mosel, Saar und Hunsrück. Auf www.delightfulspots.de teilt sie ihre Tipps.

SARAH WALTINGER

SONJA ANWAR

Obwohl Sarah gelegentlich von einem Neuanfang in der Ferne träumt, ist Mainz doch ihre Stadt des Herzens und das Rhein-Main-Gebiet ihre Heimat. Was sie nah und fern erlebt, erzählt sie auch auf ihrem Blog unter www.itchy feet-travel.de

Thomas hat als Wanderjournalist einer Tageszeitung und Macher von www.wanderportal-pfalz.de schon viele Pfalz-Freunde zu klassischen, aber auch ungewöhnlichen Unternehmungen in der freien Natur inspiriert.

NADINE ORMO

THOMAS DIEHL

Nadine braucht regelmäßig eine ordentliche Portion Natur. Da draußen bekommt sie den Kopf frei und nebenbei neue Inspirationen. Seit 2001 lebt und arbeitet sie in München und fühlt sich in Bayern als »Zuagroaste« längst daheim. Ihre vielseitigen Outdoor-Tipps teilt sie unter www.kulturnatur.de

SINJA STIEFEL

Seit Kindertagen ist die Schwäbische Alb für Sinja der *place to be*. Wenn sie nicht gerade durch Stuttgart und Umgebung oder die große, weite Welt flitzt, um neue Geschichten zu recherchieren, hält sie Ausschau nach den kleinen Wundern des Alltags. Ihre Abenteuer teilt sie auf www.brightsideguide.com

NINA SOENTGERATH

Reisen ist Ninas große Leidenschaft. 65 Länder hat sie bereits gesehen und sich durch ihre Küchen gefuttert. Zu Hause in Nürnberg findet man die Grafikerin hinter dem Herd oder mit ihrem Ratero-Mischling in der Natur. Über ihre Reisen und Erlebnisse schreibt sie auf www.reisehappen.de

Wenn Sarah nicht gerade beruflich bei anderen Menschen Reiselust schürt oder selbst ferne Ziele erkundet, freut sie sich über die schönen Dinge direkt vor der Haustür. Ihre kurpfälzische Heimat erkundet sie mit dem Fahrrad, zu Fuß oder auf dem Wasser, allein, mit Freunden oder mit Lama.

SARAH UHRIG

Ob zu Hause in Würzburg oder unterwegs in der weiten Welt, Verena sucht überall die Nähe zur Natur. Dabei schätzt sie die Landschaften ebenso wie ihre (tierischen) Bewohner. In ihrem Reiseblog www.hinter-dem-horizont.com erzählt sie von ihren Roadtrips und Wanderungen.

VERENA MOG

ANDREAS FRIEDRICH

Andreas hat es als gebürtigen Würz-burger nach Rosenheim gezogen, wo er die vielfältige Umgebung und die Natur im Chiemgau sehr schätzt. Er schreibt für Magazine über Trekking- und Rad-touren und für eine Tageszeitung über Jazzkonzerte, Kabarett und Kino.

Nach dem Abitur packte Melanie das Fernweh und seit ihrer ersten Rucksackreise zieht es sie regelmäßig fort. Dabei muss es nicht immer die Ferne sein. Je schneller sie beim Abenteuer ist, umso besser. Wie gut, dass der Bayerische Wald sozusagen der Hinterhof ihrer Wahlhei-mat Regensburg ist.

MELANIE WOLFMEIER

YVONNE WEIK

Es riecht nach Sommer. Nach Wald. Und nach Abenteuer! Auch wenn Yvonne leidenschaft-lich gerne mit ihrer Familie mitten im Stutt-garter Westen lebt, zieht es sie immer wieder hinaus. Raus aus der Stadt und rein ins Aben-teuer. Davon und von der weiten Welt erzählt sie auf www.frolleinweik.de

Antje liebt es, draußen zu sein – bei jedem Wetter. Wenn sich das mit ku-linarischen Genüssen verbinden lässt, umso besser. Die Autorin, Journalis-tin und Fotografin lebt am Rand von Stuttgart und berichtet über ihre Er-lebnisse aus der Region und der Welt auch unter www.delicioustravel.de

ANTJE SEELING

NOCH MEHR ESKAPADEN ...

Das gesamte Programm gibt's im Buchhandel und unter www.dumontreise.de

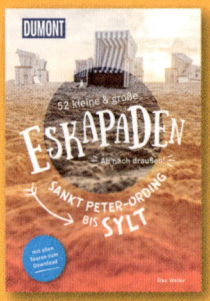

ISBN 978-3-7701-8076-9

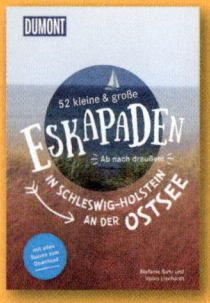

ISBN 978-3-7701-8086-8

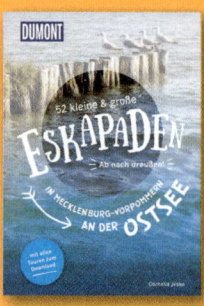

ISBN 978-3-7701-8092-9

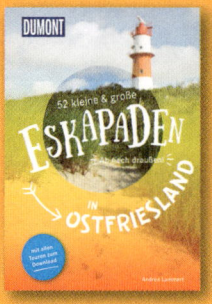

ISBN 978-3-7701-8098-1

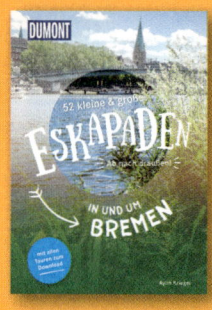

ISBN 978-3-616-11009-7

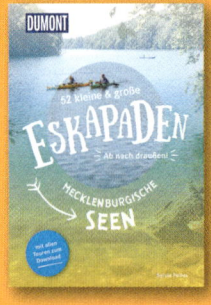

ISBN 978-3-7701-8084-4

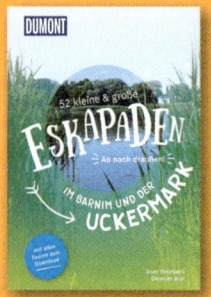

ISBN 978-3-616-11007-3

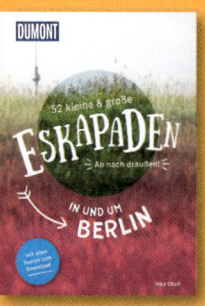

ISBN 978-3-7701-8080-6

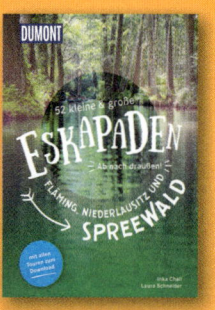

ISBN 978-3-616-11013-4

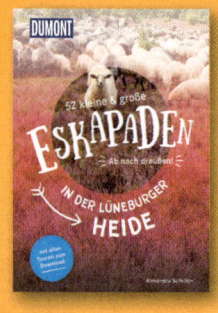

ISBN 978-3-7701-8093-6

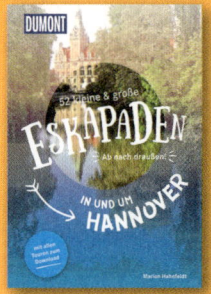

ISBN 978-3-7701-8096-7

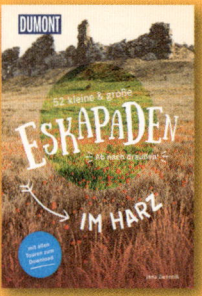

ISBN 978-3-7701-8072-1

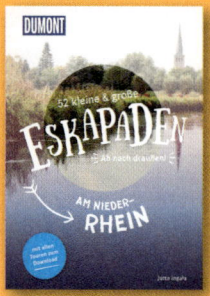

ISBN 978-3-7701-8082-0

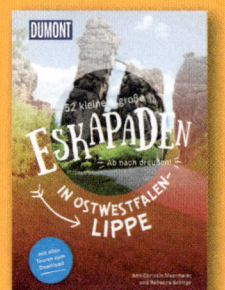

ISBN 978-3-616-11017-2

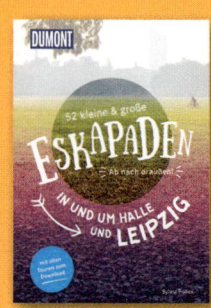

ISBN 978-3-7701-8074-5

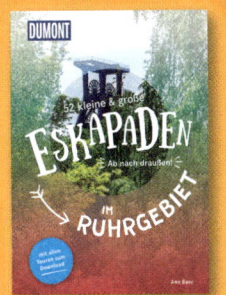
ISBN 978-3-7701-8087-5

ISBN 978-3-616-11014-1

ISBN 978-3-7701-8070-7

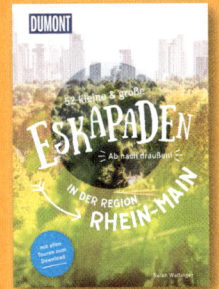
ISBN 978-3-7701-8091-2

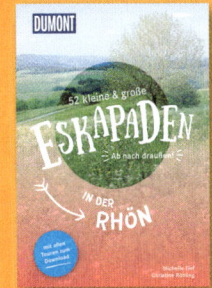
ISBN 978-3-7701-8099-8

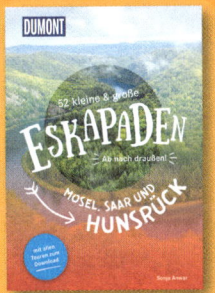
ISBN 978-3-616-11003-5

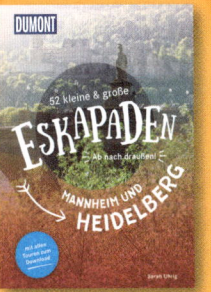
ISBN 978-3-616-8097-4

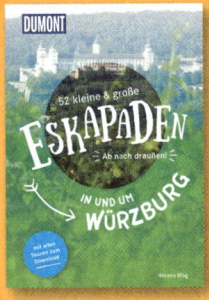
ISBN 978-3-616-11001-1

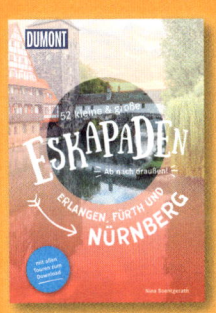
ISBN 978-3-616-11002-8

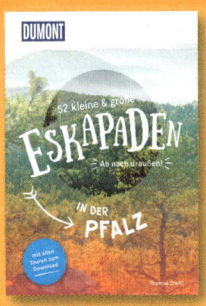
ISBN 978-3-7701-8094-3

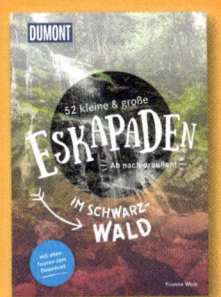
ISBN 978-3-7701-8078-3

ISBN 978-3-7701-8079-0

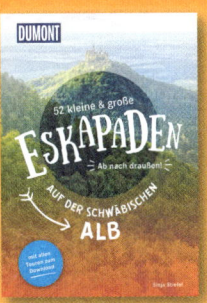
ISBN 978-3-7701-8077-6

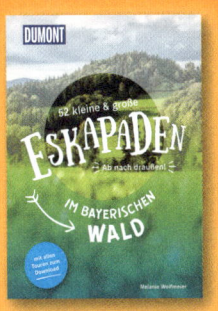
ISBN 978-3-7701-8089-9

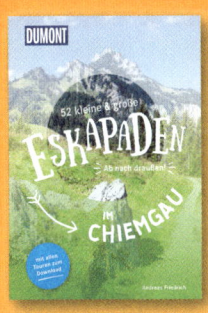
ISBN 978-3-7701-8095-0

ISBN 978-3-7701-8088-2

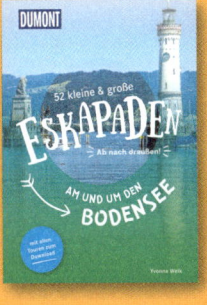
ISBN 978-3-616-11012-7

DAS TAGEBUCH FÜR RAUSGEHER'INNEN

ISBN 978-3-7701-8478-1

ISBN 978-3-7701-8477-4

WER HAT WAS GEMACHT?

IMPRESSUM

Konzept & Projektmanagement Monique Sorban

Cover-/Buchgestaltung & Illustrationen Carolin Weidemann, Köln, www.weidemann-design.com

Produktion Verlagsbüro Wais & Partner (Julia Rietsch), Stuttgart, www.wais-und-partner.de

Fotos Sonja Anwar (S. 154–157, 231 o. l.), Ann Baer (S. 124–127, 132, 134–135, 229 u. r.), Georg Bruder (S. 206), Andrea Capol (S. 72 o. l.), Inka Chall (Titelseite/Umschlag, S. 86–89, 92–95, 96, 98–99, 100–103, 229 u. l.), Donaubergland GmbH (S. 198), Thomas Diehl (S. 158 u., 160, 161 o., u. l., 231 u. l.), Tom Frey (S. 34, 239), Andreas Friedrich (S. 178, 180–181, 233 o. l.), Alea Füzy (S. 229 o. r.), Margret Germann (S. 158 o., 161 u. r.), Marion Hahnfeldt (S. 2, 54–57, 228 r.), Jutta M. Ingala (S. 140, 142, 230 u. r.), Cornelia Jeske (S. 58–61, 62, 64, 227 M.), Klabauterbett (S. 45 l.), Christian Knöll (S. 229 o. l.), Aylin Krieger (S. 38–41, 42, 44, 45 r., 226 r.), Andrea Lammert (S. 10–13, 226 l.), Loni Liebermann (S. 144, 146–147), Volko Lienhardt (S. 26–29, 30, 32, 36, 227 o.), Verena Mog (S. 166, 168, 232 u. r.), Jessica Niedergesäß (S. 136, 138, 230 o. l.), Nadine Ormo (S. 182, 184–185, 186, 188–189, 190, 192–193, 194–197, 225, 231 u. r.), Sylvia Pollex & Thomas Rötting (S. 6/7, 66–69, 70–71, 72 u. l., r., 73, 74, 76–77, 78–81, 104, 106–107, 108, 110–111, 112, 114–115, 228 o.), Maria Reitzki (S. 128–129), Christine Röhling & Michelle Tief (S. 116–119), Rebecca Schirge (S. 130–131), Alexandra Schlüter (S. 46–49, 50, 52–53, 227 u.), Antje Seeling (S. 210–213, 233 u. r.), Anne Steinbach & Clemens Sehi (S. 82, 84–85, 228 u.), Nina Soentgerath (S. 170–173, 232 u. l.), Sinja Stiefel (S. 200–201, 202–205, 232 o. l.), Sarah Uhrig (S. 162, 164–165, 232 o. r.), Sarah Waltinger (S. 148, 150–151, 231 o. r., 237), Yvonne Weik (S. 207–209, 214, 216, 218–221, 233 u. l.), Elke Weiler (S. 14, 16–17, 18–21, 22, 24–25, 226 o.), Regina Wirth (S. 233 o. r.), Andrea Wurth (S. 230 u. l.), Melanie Wolfmeier (S. 174, 176–177), Sabine Meyer, www.missmeyerfotografie.de (S. 229 M.), Jana Zieseniß (S. 120, 122–123, 230 o. r.)

Kartografie © KOMPASS, Innsbruck (S. 13, 40, 45, 56, 68, 73, 76, 80, 85, 102, 118, 126, 131, 134, 139, 157, 164, 168, 172, 180, 200, 204, 208, 220); © MairDumont, Ostfildern (S. 17, 21, 25, 29, 33, 37, 49, 53, 61, 65, 88, 95, 98, 107, 110, 115, 123, 142, 147, 151, 161, 177, 185, 189, 193, 196, 213, 217). Kartenerstellung unter Verwendung von Kartendaten von © OpenStreetMap-Mitwirkende, Lizenz CC-BY-SA 2.0

Printed in Poland

1. Auflage 2021
© 2021 DuMont Reiseverlag, Ostfildern
ISBN 978-3-616-11021-9

www.dumontreise.de

love Freiheit.

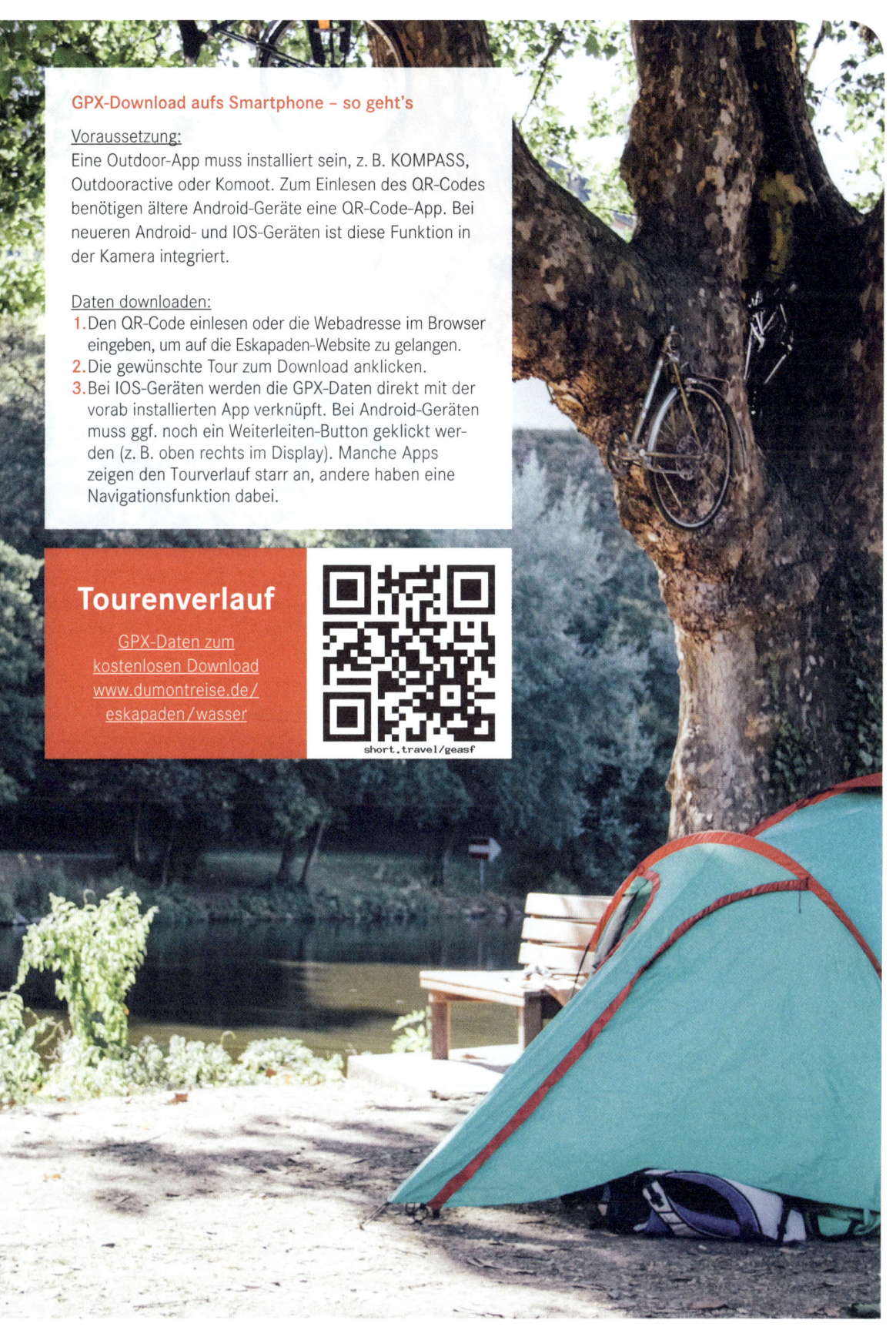

GPX-Download aufs Smartphone – so geht's

Voraussetzung:
Eine Outdoor-App muss installiert sein, z. B. KOMPASS, Outdooractive oder Komoot. Zum Einlesen des QR-Codes benötigen ältere Android-Geräte eine QR-Code-App. Bei neueren Android- und IOS-Geräten ist diese Funktion in der Kamera integriert.

Daten downloaden:
1. Den QR-Code einlesen oder die Webadresse im Browser eingeben, um auf die Eskapaden-Website zu gelangen.
2. Die gewünschte Tour zum Download anklicken.
3. Bei IOS-Geräten werden die GPX-Daten direkt mit der vorab installierten App verknüpft. Bei Android-Geräten muss ggf. noch ein Weiterleiten-Button geklickt werden (z. B. oben rechts im Display). Manche Apps zeigen den Tourverlauf starr an, andere haben eine Navigationsfunktion dabei.

Tourenverlauf

GPX-Daten zum
kostenlosen Download
www.dumontreise.de/
eskapaden/wasser

short.travel/geasf

ESKAPADEN-REGISTER ...

⋛ Alle Orte mit Seitenverweisen ⋚

Allgäu 194
Altrip 163
Aumenau 151

Bad Mergentheim 168
Baltrum 10
Barnimer Land 83
Bayerische Alpen 187
Bayerischer Wald 175
Bergsee 105
Berlin 92
Bernshäuser Kutte 117
Beucha 105
Bislicher Insel 137
Blaue Adria 163
Bodenmais 175
Bodensee 218
Bosen 155
Bostalsee 154
Brandenburg 86
Breiter Luzin 77
Bremen 38, 43
Burg Abenberg 171

Carwitz 75, 77
Clausthal-Zellerfeld 121

Dessau 113
Dittigheim 169
Donauversickerung 199
Dötlingen 38

Eggstätt-Hemhofer Seenplatte 179
Eibsee 191
Eider 21
Eifel 145
Essen 133

Feldberger Seenland 75
Friedrichstadt 18
Fuldaquelle 118
Fünf-Seen-Radtour 100

Gangolfsberg 119
Garmisch-Partenkirchen 190
Geierswalder See 119
Gemündener Maar 145
Georgensgmünd 172
Glastal 202
Godelheimer See 128
Gonnesweiler 155
Großer Seddiner See 97
Groß Raden 80

Hagnau 218
Hallig Langeneß 23
Halterner Stausee 124
Hartsee 181
Harz 109, 121
Heiligenhafen 35
Hemhof 181
Holsteinische Schweiz 26
Hullerner Stausee 127
Hunte 38

Kap Arkona 63
Kaskadenschlucht 119
Kematsrieder Moos 194
Kesselsee 181
Koschener See 102
Krickebecker Seen 141

Lahn 149
Langholz 31
Lausitzer Seenland 100
Leipzig 105, 113
Liepnitzsee 86
Luhe 46
Lüneburger Heide 46, 51

Mecklenburgische Kleinseen-
    platte 66
Meißendorfer Teiche 51
Müggelberge 92
Murg 210

Neßmersiel 11
Neuhofener Altrhein 165
Niederrhein 141
Nordfriesland 18
Nordsee 10, 15, 23

Oberjoch 194
Obersteinbach ob Gmünd 171
Ostsee 26, 31, 35, 58, 63

Paderborner Land 128
Parsteiner See 83
Partwitzer See 102
Pehlitzwerder 83
Pellworm 15
Pfälzerwald 159
Pfälzerwoog 159
Pilsensee 183
Plauer See 70
Plöner See 26
Potsdam 97

Rappbodetalsperre 109
Rhein 206
Rhön 116
Rieslochfälle 175
Rittersbach 173
Roßdorfer Kutte 117
Rotes Moor 119
Roth 170
Rothsee 119
Rügen 63
Ruhr 133
Runkel 151

Saarland 154
Salzhausen 46
Schloss Hartmannsberg 181
Schloßsee 181
Schluchsee 215
Schmaler Luzin 77
Schönsee 118
Schronbach 187
Schwäbische Alb 201, 202
Schwarzenberg 212
Schwarzwald 210, 215
Sedlitzer See 102
Seeoner Seen 180
Senftenberger See 101
Spalt 172
Stein am Rhein 206
Steinhuder Meer 54
Steintanz von Boitin 81
Sternberger Seenland 78
Stuer 70

Tauber 167

Warnow-Durchbruchstal 80
Weilburg 149
Wendefurth 109
Weser 43
Wildeshauser Geest 38
Wimsener Höhle 202

Xanten 137

Zingst 58

Ab nach draußen!

Farbenspiel

Strahlendes Blau, funkelndes Türkis, tiefes Grün – Wasser lockt manchmal allein durch seine Farbspiele ans Ufer. So wie der Liepnitzsee in Brandenburg (Eskapade #20) mit seinen Gletscherfarben, der türkisblaue Bergsee bei Beucha (#24) oder der Eibsee (#45), der mit den Alpen um die Wette strahlt.

Stille Wasser ...

... bieten unglaubliche Ruhe und Entspannung. Solche kleinen Paradiese finden sich unter anderem am Parsteiner See im Barnimer Land (Eskapade #19), am Godelheimer See im Paderborner Land (#30) oder auch am Pfälzerwoog im Pfälzerwald (#37).

5 BESONDERE EMPFEHLUNGEN ...

Etwas anders übernachten

Einfach im Bett oder im Zelt schlafen kann jeder. Aber wie wäre es mal mit einer ganz besonderen Schlafstätte? Zum Beispiel im Klabauterbett auf einem Segelklipper in Bremen (Eskapade #9), in einem Fass am Großen Seddiner See bei Potsdam (#22) oder im Baumzelt in der Nähe des Schluchsees im Schwarzwald (#51).

Fleißig paddeln

Am Wasser, im Wasser, auf dem Wasser. Das alles lässt sich an zahlreichen Flüssen in Deutschland sportlich kombinieren. Bei Kanu- und Kajaktouren auf der Hunte (Eskapade #8) bei Bremen, auf der Lahn (#35) in Hessen oder auf der Tauber (#39) in Franken.

Seen-Hopping

Warum nur einen See sehen, wenn man auch gleich mehrere besuchen kann? Seen- oder Teich-Hopping nennt sich der Spaß. Die Meißendorfer Teiche in der Lüneburger Heide (Eskapade #11), das Lausitzer Seenland (#23) und die Eggstätter Seenplatte eignen sich dafür hervorragend (#42).